Mot
à mot

French vocabulary for Edexcel A-level

Paul Humberstone
Kirsty Thathapudi

HODDER
EDUCATION
AN HACHETTE UK COMPANY

Acknowledgements

Every effort has been made to trace all copyright holders, but if any have been inadvertently overlooked, the Publishers will be pleased to make the necessary arrangements at the first opportunity.

Although every effort has been made to ensure that website addresses are correct at time of going to press, Hodder Education cannot be held responsible for the content of any website mentioned in this book. It is sometimes possible to find a relocated web page by typing in the address of the home page for a website in the URL window of your browser.

Hachette UK's policy is to use papers that are natural, renewable and recyclable products and made from wood grown in well-managed forests and other controlled sources. The logging and manufacturing processes are expected to conform to the environmental regulations of the country of origin.

Orders: please contact Hachette UK Distribution, Hely Hutchinson Centre, Milton Road, Didcot, Oxfordshire, OX11 7HH. Telephone: (44) 01235 827827. E-mail: education@hachette.co.uk Lines are open from 9 a.m. to 5 p.m., Monday to Friday. You can also order through our website: www.hoddereducation.co.uk

ISBN: 978 1 5104 3481 3

© Paul Humberstone and Kirsty Thathapudi 2018

First published in 1991 by
Hodder Education,
An Hachette UK Company
Carmelite House
50 Victoria Embankment
London EC4Y 0DZ
www.hoddereducation.co.uk

Second edition published 1996
Third edition published 2000
Fourth edition published 2006
Fifth edition published 2010
This sixth edition published 2018

Impression number   10 9 8 7 6 5
Year   2022 2021

Cover photo © adisa/Fotolia
Typeset in India
Printed and bound in Great Britain by Clays Ltd, Elcograf S.p.A.
A catalogue record for this title is available from the British Library.

MIX
Paper from
responsible sources
FSC™ C104740

Contents

Introduction

This new edition of *Mot à mot* brings further revisions to reflect recent changes in the Edexcel AS and A-level examination specifications and contemporary topics. It seeks to provide:

- revised topic areas to match those in the new Edexcel AS and A-level specifications
- a wealth of up-to-date, useful vocabulary, taken from recent printed and online publications, for each of the topic areas
- an updated opening section including synonyms and a guide to the use of verbs plus *à* or *de* or a direct infinitive
- a new *Cinéma et littérature* section
- a new *Recherche et présentation* section
- shaded sections of revision vocabulary at the start of each subtopic
- subdivisions into smaller groups of words and phrases with related meanings within each subtopic
- end-of-topic activities to help you practise using new vocabulary
- suggested websites that offer additional useful vocabulary on each topic

The method used in this book is to list words and phrases in an order that follows the logic of a lesson about, or a discussion of, various aspects of each topic. The topics covered match those in the Edexcel A-level specification so this book is ideal to use alongside any textbook for the course, particularly in order to prepare for your oral examination. All theme-based vocabulary has been included with the aim of using it in an appropriate register for the oral exam.

As part of the oral exam, the new specification requires you to research and present a topic of your choice. The *Recherche et présentation* section at the end of the book provides general vocabulary on additional topics not covered in the specification that you could choose to talk about for this part of the assessment.

You will also be required to write an essay on a film and/or book that you have studied, and in the new *Cinéma et littérature* section, you will find terms and expressions that can be used in an essay of this type.

Alternatively, you can use this book as a study aid to extend the breadth of your vocabulary on each of the topics covered, although it is not a dictionary or an encyclopaedia.

At the end of each topic, you will find some suggestions of websites offering additional vocabulary should you wish to explore the topic further. You may also find it useful to look at other websites, and the following are good and explore a topic:

- **www.google.fr**
- **http://fr.yahoo.com**
- **www.gouvernement.fr**

One word of warning: when you search on Google, many of the websites that appear are blogs and tend to be less accurate in terms of spelling and grammar.

It is, therefore, advisable to refer to websites of recognised newspapers or magazines, or governmental websites, which will be more reliable. The most fruitful sources of relevant articles in the press, and usually available online, can be found in the publications *La Croix, L'Express, Le Figaro, L'Humanité, Libération, Le Monde, Le Nouvel Observateur* and *Le Point*. These represent a wide cross-section of political opinion.

This book is not an invitation to learn each word and phrase 'in case it comes up in the exam' but rather to enable you to become familiar with the material you need at your level of study. That said, some learning has to be done! For most people, repetition is essential for memorisation. Here are some tips.

- Spend approximately 15 minutes at a time learning a group of about 20 words and phrases.
- The next time you practise, start a new group of words and phrases but revise the last one, and make a note of the words you have forgotten.
- Use the material as soon as possible, as the context you create will help you to remember it.

The following abbreviations have been used in brackets:

- *m* (masculine)
- *f* (feminine)
- *m/f* (masculine or feminine)
- *infin* (infinitive)
- *subj* (subjunctive)

Answers

Answers to the end-of-topic activities can be found at:
www.hoddereducation.co.uk/A-level-vocab

Section A

Comment
dirais-je... ?

Quelques suggestions pour enrichir la conversation et la rédaction.

A1 Premièrement   *Firstly*

aborder un problème	to tackle a problem
à première vue au premier abord/de prime abord	at first sight
dès l'abord/le départ	from the outset
pour comprendre le problème, il faut d'abord...	to understand the problem, we must first...
réfléchissons d'abord à...	let us first consider...
il s'agit d'abord de se demander...	we must first ask ourselves...
la première question qui se pose est de savoir...	the first question we must ask is whether...
dans le fond	basically
partons du principe que...	let us take as a basic principle that...

A2 Il s'agit de...   *It is about...*

quant à...	as for...
en ce qui concerne...	as far as...is concerned
de quoi s'agit-il en fait ?	what in fact is the issue?
ce qui est en cause, c'est...	what is at issue is...
la controverse porte sur...	the argument involves...
faire une mise au point de la situation	to clarify the position
donner quelques précisions	to clarify a few details
définir ce qu'on entend par...	to define what one understands by...
analyser quelques enjeux	to analyse a few issues
à l'ordre du jour	on the agenda
faire le point sur l'affaire	to summarise the issue
chercher un point de repère	to seek a point of reference
tirer l'affaire au clair	to shed light on the matter
cerner le problème essentiel	to define the main problem
saisir le fond des enjeux	to grasp what is basically at stake

A3 Il y a un problème

There is a problem

la crise	crisis
une situation inquiétante	a worrying state of affairs
poser un problème crucial	to pose a central problem
une question épineuse	an issue fraught with difficulty
le fond du problème	the basis of the problem
la principale difficulté porte sur...	the main difficulty involves...
toute la difficulté	the main difficulty
est de... (+ *infin*)	is to...
réside en... (+ *noun*)	is in...
le souci prédominant	the main worry
un obstacle insurmontable	an insurmountable obstacle
l'entrave (*f*)	hindrance
la pierre d'achoppement	stumbling block
des obstacles subsistent encore	some obstacles remain
le terrain est miné	it is a minefield
une crise qui couve	a brewing crisis
difficilement maitrisable	hard to bring under control
le bilan est globalement négatif	on the whole things are not good
exprimer la crainte que... (+ *subj*)	to express the fear that...
les choses prennent une mauvaise tournure	things are going wrong
un avant-gout de ce qui pourrait survenir	a foretaste of what might occur

A4 Le problème devient plus sérieux

The problem is getting more serious

plus inquiétant encore...	what is even more worrying is that....
la situation se complique	the situation is getting more complicated
une autre difficulté est venue s'ajouter	a further difficulty has cropped up
la nouvelle donne	the new state of play
aggraver la crise	to worsen the crisis
la situation	the situation
empire de jour en jour	is getting worse every day
tourne à la catastrophe	is becoming disastrous
atteint un niveau critique	is reaching a critical level
atteint la cote d'alerte	is at flash point
menace de s'éterniser	threatens to go on for ever
le phénomène s'accroit	the phenomenon is on the increase

la tendance s'accentue	the tendency is becoming more noticeable
le problème se banalise	the problem is getting more common
le problème a pris une telle ampleur que...	the problem has taken on such proportions that...
mettre le feu aux poudres	to bring things to a head
pour comble de malheur	to cap it all

A5 Comment résoudre le problème ?

How can the problem be solved?

un moyen de...	a way of...
remédier à	to cure
surmonter	to overcome
venir à bout de...	to get through/over...
la solution est loin d'être évidente	the solution is far from obvious
la question est de savoir comment s'y prendre pour...	it is a matter of knowing how to go about ...
il existe de nombreux moyens de...	there are many ways of...
la solution qui s'impose, c'est...	the obvious solution is...
l'essentiel (m) du travail consiste à...	the main job is to...
saisir la question à bras-le-corps	to get to grips with the issue
élaborer une stratégie	to draw up a plan of action
mieux vaut...que de...	it is better to...than to...
éviter qu'une telle situation ne se reproduise	to prevent such a situation from happening again
construire de nouveaux repères	to establish new points of reference
défricher des voies nouvelles	to clear the way for new lines of approach
opter pour une solution médiane	to go for a compromise solution
aboutir à un compromis	to reach a compromise
en dernier ressort/recours	as a last resort

A6 Important

Important

surtout	above all
notamment	notably
en particulier	especially
il faut :	we must:
souligner l'importance de...	emphasise the importance of...
prendre...au sérieux	take...seriously

Important

un évènement marquant	a significant event
l'essentiel (*m*) de l'affaire	the crux of the issue
le point crucial du débat ⎫ le nœud du débat ⎭	the crucial point of the discussion
le plus frappant ici c'est…	the most striking thing here is…
le débat tourne autour de…	the discussion hinges on…
l'étape essentielle	vital stage
l'enjeu capital/de taille	prime/big issue
le facteur clef	key factor
au cœur du débat	at the heart of the discussion
un facteur d'un poids décisif qui pèse lourd	a factor of decisive significance which weighs heavily
le point de mire	focal point
la pierre angulaire	cornerstone
le principe directeur	guiding principle
une nécessité de premier plan	a priority need
jouer un rôle primordial/ prépondérant	to play a major part
plusieurs points forts se dégagent	several important points emerge
il ne faut pas banaliser le danger	we must not play down the danger
il est utile de s'attarder sur…	it is worth dwelling on…
il ne faut pas passer sous silence… ⎫ il ne faut pas tirer le rideau sur… ⎭	we must not draw a veil over…
l'ampleur (*f*) des conséquences	the extent of the consequences
des conséquences d'une grande portée	far-reaching consequences

A7 Pourquoi ? — *Why?*

comment expliquer… ?	what is the explanation for…?
formuler la question	to formulate the question
tenter de déterminer les causes	to try to identify the causes
expliquer le pourquoi de…	to explain the reason(s) for…
il convient de se demander	it is appropriate to ask oneself
il y a lieu de se demander	there is good reason to wonder
reste à comprendre pourquoi	it remains to work out why
le pourquoi et le comment	the whys and wherefores
remonter de l'effet à la cause	to work back from effect to cause
désigner les sources du mal	to pinpoint the origins of the ill

A8 Parce que/à cause de   *Because/because of*

étant donné que	given that
vu que	considering that
en raison de	in view of
face à/devant	in the face of
par suite de	owing to
grâce à	thanks to
mettre qqch sur le compte de…	to attribute something to…
pour de multiples raisons	for all sorts of reasons
cela peut s'expliquer par plusieurs facteurs	several contributing factors explain this
d'autres facteurs entrent en ligne de compte	other factors have to be taken into consideration
un simple rapport de cause à effet	a simple link between cause and effect

A9 Les gens pensent que…   *People think that…*

certains soutiennent que…	some people maintain that…
certains préconisent…	some people recommend…
on a tendance à croire que…	people tend to believe that…
nombreux sont ceux qui disent…	there are many who say…
tout le monde s'accorde à reconnaitre que…	everyone is agreed in recognising that…
le sondage	opinion poll
sonder/déceler les opinions	to find out what people think
un échantillon de la population	a sample of the population
le préjugé (répandu)	(widely held) prejudice
l'idée reçue	popular belief
le point controversé	controversial point
le parti pris	presupposition
l'évolution (f) de l'opinion publique	changes in public opinion
être en désaccord	to be in disagreement
les avis sont partagés sur ce point	opinions are divided on this matter
des divergences (f) de vue	differences of opinion
c'est dans l'air du temps	it's the fashionable view
une vision fort répandue	a very widely held view
un consensus semble se dégager	a consensus seems to be emerging
le bruit court que…	rumour has it that…
une part non négligeable du public	a considerable proportion of the public

partout on aboutit au même constat	everywhere people are coming to the same conclusion
l'idée traine un peu partout	the view is quite widely held
il est d'ores et déjà acquis que…	people now presuppose that…
il est de notoriété publique que…	it is (unwelcome) public knowledge that…

A10 À mon avis… *In my opinion…*

à mon sens	as I see it
selon moi	in my view
pour ma part	for my part
il me semble que…	it seems to me that…
j'estime que…	I consider that…
je soutiens que…	I maintain that…
je suis persuadé(e) que…	I am convinced that…
ma prise de position	the line I take
ma piste de réflexion	my line of thought
le parti que je prends, c'est celui de…	the side I take is that of…
cela me parait évident que…	it seems obvious to me that…
cela me conduit à penser que…	that leads me to think that…
je ne peux pas m'empêcher de penser que	I cannot help thinking that…
ce qui me préoccupe, c'est…	what bothers me is…
à ma connaissance	to the best of my knowledge
il y a fort à parier que…	it is a very good bet that…
il y a de fortes chances que…	there is a strong chance that…
qu'on ne s'y trompe pas	let there be no mistake about it
à tort ou à raison	rightly or wrongly

A11 C'est une bonne idée *It is a good idea*

logique	logical
sensé(e)	sensible
raisonnable	reasonable
un argument de poids	a forceful argument
un argument qui se défend	a defensible argument
un jugement sain/valide	a sound/valid judgement
une idée nette/claire	a clear idea

une idée juste	a sound idea
une idée persuasive	a persuasive idea
une idée convaincante	a convincing idea
une idée puissante	a powerful idea
une idée clairvoyante	a perceptive idea
une idée pertinente	a relevant idea
une idée perspicace	an idea which shows insight
un raisonnement imparable	an unanswerable argument

A12 Je suis d'accord — *I agree*

bien entendu } c'est sûr }	of course
je suis du même avis	I take the same view
sans réserve	unreservedly
je dois reconnaitre que…	I must concede that…
je suis un(e) ardent(e) défenseur (-euse) de…	I am a vigorous defender of…
j'accepte	I accept/agree
sans broncher	unflinchingly
sans équivoque	unequivocally
on considère à juste titre que…	people rightly think that…

A13 C'est une mauvaise idée — *It is a bad idea*

impensable	unthinkable
inadmissible	unacceptable
inouï(e)	incredible, unbelievable
mal conçu(e)	ill-conceived
scandaleux (-euse)	scandalous
aberrant(e)	ludicrous
coupé(e) des réalités	remote from the realities of life
l'idée se révèle fausse	the idea turns out to be wrong
l'idée ne repose sur rien de sérieux	there is no sound basis for the idea
il est hors de question de (+ *infin*)	to…is out of the question
du pur délire	sheer lunacy
un outrage au bon sens	an outrage to common sense
un projet voué à l'échec	a plan doomed to failure
une stratégie inefficace	an ineffective strategy
une stratégie dépourvue de sens	a senseless strategy
une stratégie hautement contestable	a highly debatable strategy

un argument qui manque de poids	an insubstantial argument
un argument démenti par les faits	an argument belied by the facts
l'argument	the argument
ne rime à rien	does not add up
ne dépasse pas la surface des choses	only skims the surface
ce n'est pas l'unique piste à explorer	it is not the only avenue to be explored
rien ne serait plus vain que (de + *infin*)	nothing would be more futile than (to…)
à quoi cela sert-il de (+ *infin*) ?	what is the point of…?
mieux vaut s'en tenir à…	it is better to stick to…
où veut-on en venir ?	what are they trying to achieve?

A14 Je ne suis pas d'accord   *I disagree*

rien n'est moins sûr	nothing is less certain
loin s'en faut	far from it
c'est tout le contraire	exactly the opposite is true
ma réaction est négative	I react negatively
je remets en cause…	I call into question…
je condamne nettement…	I condemn outright…
je m'élève contre…	I protest against…
je suis fermement opposé(e) à…	I am firmly opposed to…
je prends le contre-pied	I take the opposite view
il est peu probable que (+ *subj*)	it is unlikely that…
personne n'imagine en effet que (+ *subj*)	nobody really imagines that…
il n'est pas normal que… (+ *subj*)	it is not acceptable that…
il est illusoire de s'imaginer que… (+ *subj*)	it is fanciful to imagine that…
il est invraisemblable que… (+ *subj*)	it is improbable/unlikely that…; it is incredible that…
il y a peu de chances que… (+ *subj*)	there is not much likelihood that…
il est encore moins certain que… (+ *subj*)	it is even less certain that…
il y a quelque exagération à affirmer que…	it is somewhat excessive to state that…
l'erreur serait de croire que…	the mistake would be to think that…
il faut se garder de conclure que…	we must be wary of concluding that…
contrairement à ce que prétend(ent) [x]	contrary to the claims made by [x]
qui pourrait soutenir que… (+ *subj*) ?	who could maintain that…?
croit-on vraiment que… (+ *subj*) ?	do people really believe that…?

A15 C'est certain

It is certain

sans aucun doute	undoubtedly
le constat	accepted fact
le fait établi	established fact
le fait indéniable/incontestable	undeniable fact
il faut bien reconnaître que…	it must be acknowledged that…
rien n'est plus sûr	nothing is more certain
il est hors de doute que…	there is no doubt that…
il ne fait aucun doute que…	
nul ne saurait douter que…	nobody can doubt that…
personne ne conteste le fait que…	nobody challenges the fact that…
force est de constater que…	it must be stated that…
un constat qui ne prête pas à débat	a fact beyond discussion
les experts se montrent formels	the experts are categorical
les chiffres l'attestent	the figures bear this out
tout contribue à cette certitude	everything contributes to this certainty

A16 C'est évident

It is obvious

c'est clair et net	it is obvious
c'est évident	
manifestement	obviously
de toute évidence	
fatalement, inévitablement	inevitably
chacun peut constater que…	anyone can see that…
inutile de dire que…	needless to say…
il n'est pas étonnant que… (+ subj)	it is only to be expected that…
il est normal que… (+ subj)	
il va de soi que…	it goes without saying that…
on peut tenir pour acquis que…	we can take it for granted that…
tout porte à croire que…	everything leads one to believe that…
nul n'ignore (que)…	nobody is unaware of (the fact that)…
comment s'étonner que… (+ subj)	it is hardly surprising that…
rien d'étonnant à ce que… (+ subj)	there is nothing surprising in that…
comme il fallait s'y attendre	as was to be expected
il faut se rendre à l'évidence	one must submit to the obvious
c'est dans l'ordre des choses	it is in the nature of things
cela saute aux yeux	it is instantly obvious
cela se passe d'explication	it is self-explanatory

A17 Et...

And...

et puis alors…	and then…
d'ailleurs	by the way, in fact, incidentally
de même	similarly
en/de plus	what is more, besides
par ailleurs	furthermore
aussi bien que	as well as
non seulement…mais encore	not only…but also
en fait	in fact
à cela s'ajoute…	in addition there is…
il en est de même pour…	the same is true for…
on peut également constater que…	one can also see that…
sans oublier	not forgetting
à noter également que…	it is also worth noting that…
aller de pair avec	to go hand in hand with
et ainsi de suite	and so on

A18 Mais...

But...

mais encore…	but then…
cependant pourtant	however
néanmoins toutefois	nevertheless
par contre à l'inverse au contraire	conversely, on the contrary
ceci dit	that said
en revanche d'autre part	on the other hand
quoi qu'il en soit n'empêche que	regardless of that, however that may be
malgré tout cela	in spite of all that
toujours est-il que… il n'en reste pas moins que…	the fact remains that…
sur un tout autre plan	on an entirely different level
il en va autrement pour…	it is not the same in the case of…
on peut à l'inverse soutenir que…	conversely it can be maintained that…

A19 Donc... *Therefore...*

le résultat	result
la conséquence	consequence
or	but, yet
aussi (+ *inverted verb*)...	so...
par conséquent	consequently
par la suite	subsequently
la portée	impact, consequences
de fil en aiguille	one thing leading to another
d'où	as a consequence of which
il en résulte/découle (fatalement)...	the (inevitable) result (of this) is...
il s'ensuit que...	it follows from this that...
par voie de conséquence	as a consequence
à la lumière de	in the light of
compte tenu du fait que...	taking account of the fact that...
il s'avère que...	it turns out that...
c'est-à-dire	that is to say

A20 Au sujet de... *On the subject of...*

vis-à-vis de... / à propos de...	with regard to
en matière de / en/pour ce qui concerne	as far as...is/are concerned
par rapport à / à l'égard de / sur le plan de / dans le cadre de	with regard to
dans l'optique de / dans le domaine de	in the area/context of

A21 En général *In general*

de manière générale	generally speaking
en règle générale	as a rule
quasiment	almost, practically
dans une large mesure	to a great extent

dans l'ensemble	on the whole
bon an mal an	on average, on the whole
sur bien des plans	on a good many levels
à bien des égards	in many respects
à tous les égards	in all respects
en gros	roughly
tous/toutes…confondu(e)s	taking all…into account
la quasi-totalité de…	almost all…
dans la mesure du possible	as far as possible
jusqu'à un certain point	up to a point
à de rares exceptions près	with few exceptions

A22 De toute façon…   *Anyway…*

en tout cas	
de toute façon	in any case
en tout état de cause	
dans/en un certain sens	in one sense
en l'occurrence	as it happens
pour ainsi dire	so to speak
à bien y réfléchir	if you really think about it
en quelque sorte	in a way
qu'on le veuille ou non	whether one likes it or not

A23 Si c'est vrai   If this is true

s'il en est ainsi	if this is the case
dans ce scénario	in these circumstances
selon cette hypothèse	according to this supposition
à en juger par…	judging by…
pour autant qu'on puisse en juger	as far as one can judge
admettons/supposons que les choses en soient là	let us admit/suppose that things have come to this
dans l'éventualité de…	in the event of…
le cas échéant	should this arise

A24 Le temps

Time

un petit moment	a little while
un bon moment	quite a while
au bout d'un moment	after a while
longtemps	for a long time
en même temps	at the same time
la plupart du temps	most of the time
de temps en temps de temps à autre	from time to time
par intervalles	now and again
au même instant	at (precisely) the same moment
au même moment	at the same (period of) time
à partir du moment où…	from the time when…
dans un/le même temps	over the same period
au fil des années	as the years go by
sur une trentaine d'années	over a period of 30 years or so
du jour au lendemain	overnight
en un tournemain	in no time
en l'espace de 3 ans	within 3 years (time taken)
dans un délai de 15 jours	within a fortnight
il est grand temps de…	it is high time to…
c'est l'occasion ou jamais de…	this is the ultimate opportunity to…
gagner du temps	to play for time
arriver à (l')échéance	to reach the due date, expire
sans échéance précise	without a definite time limit
remettre (aux calendes grecques)	to put off (indefinitely)
trainer en longueur	to drag on
s'étaler sur plusieurs années	to be spread out over several years

A25 Dans le passé

In the past

naguère	not so long ago/in recent times
autrefois jadis	in days gone by
il y a belle lurette que…	It has been a long time since…
à ce moment-là	at the time (past)
à cette époque-là	in those days
des siècles durant	for centuries (in the past)
dans un passé récent	in the recent past

la décennie	decade
aux débuts des années 2000	in the early years of the twenty-first century
cette époque est révolue	those times are past

A26 Maintenant — *Now*

en ce moment	at present
à notre époque	in our era
de nos jours	these days
à l'époque actuelle	
à l'heure actuelle	at the present time
à l'heure qu'il est	
par les temps qui courent	in the times we are living through

A27 À l'avenir — *In the future*

aussitôt que possible	as soon as possible
tôt ou tard	sooner or later
désormais	from now on
dorénavant	
d'ores et déjà	already
dans l'immédiat	in the immediate future
dans un proche avenir	in the near future
dans un premier temps	in the early stages
à plus longue échéance	in the longer term
à plus ou moins long terme	in the longer or shorter run
dans les [x] prochaines années	in the next [x] years
dans les décennies à venir	in decades to come

A28 On verra bien — *We shall see*

s'attendre à	to expect
attendre avec impatience	to look forward to
difficile à prévoir	hard to foresee
imprévisible	unpredictable
qu'en sera-t-il de l'avenir ?	what will the future bring?
que résultera-t-il de (+ *noun*)… ?	what will be the result of…?

il est à prévoir que…	it is possible to predict that…
reste à savoir si…	it remains to be seen whether…
reste à espérer que…	the hope remains that…
reste à savoir ce qui en résultera	the outcome remains to be seen
seul l'avenir nous le dira	only time will tell
c'est de bon augure	it bodes well
c'est de mauvais augure	it bodes ill
on peut se perdre en conjectures	one could speculate for ever
se garder de tout pronostic	to refrain from making predictions
l'incertitude plane sur…	uncertainty hovers over…
quoi qu'il advienne	whatever happens
l'heure de vérité approche	the moment of truth is approaching
faire craindre le pire	to lead one to expect the worst
rien ne laisse présager…	there is no reason for predicting…
dans la meilleure des hypothèses	if things turn out for the best
de réels motifs d'espoir	real grounds for hope
se dérouler selon les prévisions / se dérouler comme prévu	to go according to plan
l'optimisme/le pessimisme reste de rigueur	one can only be optimistic/pessimistic
se dérouler comme prévu	
le catastrophisme n'est pas de mise	a gloom-and-doom attitude is inappropriate

A29 Comme je l'ai déjà dit… *As I have said before…*

bref	in a word, in short
en d'autres termes / autrement dit	in other words
j'en reviens toujours là	I come back to that point again
j'ai déjà constaté	I have already established
nous l'avons noté	we have noted it (the fact)
je tiens à insister sur le fait que…	I want to underline the fact that…
cela revient à dire que… / autant dire que…	this amounts to saying that…
cela se réduit à…	this boils down to…

A30 Enfin

Finally

où en est-on vraiment ?	where have we actually got to?
en bref ⎫	
en somme ⎬	to sum up
pour résumer ⎭	
en fin de compte ⎫	
tout compte fait ⎭	all things considered
à tout prendre ⎫	
à tout bien considérer ⎭	on balance
à bien réfléchir ⎫	
tout bien réfléchi ⎭	after careful thought
l'heure est aux bilans	it is time to assess things
dans l'ensemble	on the whole
la conclusion qui s'en déduit	the conclusion that emerges from this
j'en viens à conclure que…	I come to the conclusion that…

A31 Quelques synonymes

Some synonyms

absolument   *absolutely*
carrément
complètement
entièrement
globalement
intégralement
parfaitement
pleinement
totalement
tout à fait

beaucoup   *considerably*
considérablement
énormément
largement

bizarre   *odd*
curieux (-euse)
étrange
insolite
singulier (-ère)

causer   *to cause*
amener
déclencher
engendrer
entrainer
occasionner
produire
provoquer
susciter

certainement   *certainly*
assurément
évidemment
incontestablement
irréfutablement
surement

dire   *to say*
annoncer
déclarer
exprimer
prononcer
raconter
signaler

incroyable   *unbelievable*
étonnant(e)
extraordinaire
fabuleux (-euse)
fantastique
inconcevable
inouï(e)
invraisemblable
inimaginable
prodigieux (-euse)
stupéfiant(e)
surprenant(e)

pouvoir   *to be able to*
avoir la possibilité de
être capable de

Quelques synonymes

être en état de
être en mesure de

regrettable   *regrettable*
attristant(e)
déplorable
fâcheux (-euse)
navrant(e)

terrible   *awful*
affreux (-euse)
effrayant(e)
effroyable
épouvantable
horrible

vouloir faire   *to want to do*
aspirer à faire
avoir envie de faire
désirer faire
souhaiter faire

A32 Un mot, deux genres, deux sens

One word, two genders, two meanings

Masculine		Feminine	
le livre	book	la livre	pound (weight/sterling)
le manche	handle	la manche	sleeve
le mémoire	academic thesis	la mémoire	memory
le mode	way (of doing)	la mode	fashion
le page	page boy	la page	page (e.g. of book)
le pendule	pendulum	la pendule	clock
le poêle	stove	la poêle	frying pan
le poste	job	la poste	post office
le somme	snooze	la somme	sum (e.g. of money)
le voile	veil	la voile	sail

apprécier	to appreciate; to assess
arrêter	to stop; to arrest; to draw up
l'assistance (*f*)	assistance; those present/attending
le bouchon	cork; traffic jam
la caisse	crate; cash desk; till
la campagne	campaign; countryside
la carrière	career; quarry
la carte	card; map
la colle	glue; school detention
confus(e)	indistinct; embarrassed
la côte	slope; coast; rib; (pork/lamb) chop
la course	race; errand
dresser	to erect/put up; to tame
l'esprit (*m*)	mind; spirit; wit
le facteur	factor; postman
la farce	farce; stuffing (food)
la formation	formation; training
le foyer	public entrance hall; hearth; household; hostel
la fuite	flight (escape); leak
la grève	seashore; strike (industrial action)
gronder	to rumble; to scold
important(e)	important; substantial
louer	to rent; to praise
maniaque	obsessive; house-proud
la mine	mine (e.g. coal); facial appearance
la misère	misery; poverty
mortel(le)	mortal; fatal
la pêche	peach; fishing
la pièce	coin; room (in a dwelling)
la police	police; policy (e.g. insurance)
le prix	price; prize
la punaise	bug (insect); drawing pin
le quai	quayside; platform (railway)
la quête	search; collection (e.g. in church)
la queue	queue; tail; rear coach of train
la rage	rage; rabies
la rame	oar; set of train carriages

la reconnaissance	scouting around; gratitude
redoubler	to redouble; to repeat a school year
la remise	delivery; discount; remittance; presentation (of prize)
la répétition	repetition; rehearsal
terrible	terrible; amazingly good
sympathiser	to sympathise; to get on well (with sb)
le trombone	trombone; paper clip
le tube	tube (e.g. cardboard); hit (song)
verser	to pour; to pay in
le vol	theft; flight

A34 Quelques faux amis   *A few false friends*

Some French words look very similar to English ones but have a different meaning. Listed on the left are some of these words with their actual meanings. In the next columns are the English words you may confuse them with, along with French translations.

accommoder	to adapt	to accommodate	loger
l'achèvement (*m*)	completion	achievement	l'accomplissement (*m*)
actuel(le)	present, current	actual	vrai(e), réel(le)
l'agenda (*m*)	diary	agenda (arrangements)	le programme
l'agonie (*f*)	death throes	agony	la douleur atroce
agréer	to accept/ acknowledge	to agree	être d'accord
l'agrément (*m*)	pleasantness	agreement	l'accord (*m*)
l'appréciation (*f*)	assessment	appreciation	la reconnaissance
l'avertissement (*m*)	warning	advertisement	la publicité
l'avis (*m*)	opinion	advice	le conseil
le bachelier	person who has passed the Baccalaureate	bachelor	le célibataire
bénévole	voluntary	benevolent	bienveillant(e)
le cargo	cargo boat	cargo	la cargaison
la caution	deposit against damages	caution	la précaution
charger	to load	to charge (money)	faire payer

chasser	to hunt	to chase	poursuivre
la confidence	confidential information	confidence	la confiance
la déception	disappointment	deception	la tromperie
le délai	lapse of time	delay	le retard
le désagrément	unpleasantness	disagreement	le désaccord
la dévotion	religious devotion	devotion	le dévouement
l'éditeur (-trice)	publisher	editor	le rédacteur/la rédactrice en chef
l'engagement (m)	commitment	engagement	les fiançailles (f)
éventuellement	in the event	eventually	finalement
l'évidence (f)	obviousness	evidence	la preuve
la fabrique	factory	fabric	le tissu
formellement	absolutely	formally	cérémonieusement
la fourniture	provision (of sth)	furniture	le mobilier
le grief	grievance	grief	la douleur
l'injure (f)	insult	injury	la blessure
incessamment	without delay	incessantly	sans arrêt
inhabitable	uninhabitable	inhabitable	habitable
inhabité(e)	uninhabited	inhabited	habité(e)
introduire	to insert	to introduce	présenter
l'issue (f)	way out	issue (for debate)	la question, le problème
le langage	way of speaking	language	la langue
la lecture	reading	lecture	la conférence
la librairie	bookshop	library	la bibliothèque
la location	renting, hiring	location	le site, l'emplacement (m)
le logeur (-euse)	landlord/lady	lodger	le locataire
le ministère	ministry	minister	le ministre
les particuliers	private individuals	particulars	les précisions (f)
la partition	musical score	partition	la cloison
pathétique	moving	pathetic	lamentable
le/la pensionnaire	boarder (school or lodgings with meals)	pensioner	le/la retraité(e)
le pétrole	oil	petrol	l'essence (f)
le/la photographe	photographer	photograph	la photo(graphie)

Quelques faux amis

le préjudice	harm	prejudice	le préjugé
prétendre	to claim (e.g. to be the best)	to pretend	faire semblant
le procès	trial	process	le processus
la rente	private income	rent	le loyer
reporter	to postpone	to report	signaler
rude	tough, harsh	rude	impoli(e)
sensible	sensitive	sensible	sensé(e)
le stage	course (e.g. training)	stage	la scène
le studio	one-bedroom flat	studio (e.g. artist's)	l'atelier (m)
le surnom	nickname	surname	le nom de famille
le trouble	confusion, distress	trouble	les ennuis (m)
user	to wear out	to use	utiliser
valable	valid	valuable	de (grande) valeur
versatile	volatile	versatile	aux talents multiples

A35 Faut-il une préposition ? *Do I need a preposition?*

accuser qqn de faire	to accuse sb of doing
aider qqn à faire	to help sb to do
aimer (mieux) faire	to like (prefer) doing
apprendre à faire	to learn to do
arrêter de faire	to stop doing
arriver à faire	to manage to do
s'attendre à faire	to expect to do
chercher à faire	to seek to do
commencer à faire	to start to do
compter faire	to reckon on doing
conseiller à qqn de faire	to advise sb to do
continuer à/de faire	to continue to do
décider de faire	to decide to do
se décider à faire	to make up one's mind to do
défendre à qqn de faire	to forbid sb to do
demander à qqn de faire	to ask sb to do
désirer faire	to desire to do
devoir faire	to be obliged/to have to do
dire à qqn de faire	to tell sb to do
empêcher qqn de faire	to prevent sb from doing
encourager qqn à faire	to encourage sb to do

espérer faire	to hope to do
essayer de faire	to try to do
éviter de faire	to avoid doing
finir de faire	to finish doing
hésiter à faire	to hesitate to do
inviter qqn à faire	to invite sb to do
menacer de faire	to threaten to do
mériter de faire	to deserve to do
offrir de faire	to offer to do
oser faire	to dare to do
oublier de faire	to forget to do
penser faire	to be thinking of doing
permettre à qqn de faire	to allow sb to do
pouvoir faire	to be able to do
préférer faire	to prefer to do
prier qqn de faire	to ask sb to do
promettre de faire	to promise to do
proposer de faire	to suggest doing
refuser de faire	to refuse to do
regretter de faire	to regret doing
renoncer à faire	to give up doing
réussir à faire	to succeed in doing
savoir faire	to know how to do
sembler faire	to seem to do
vouloir faire	to want to do

Theme 1

Les changements
dans la société française

1 Les changements dans les structures familiales

le statut matrimonial	marital status
être célibataire	to be single
veuf	a widower
veuve	a widow
vivre en concubinage	to live together
le conjoint	spouse, partner
le compagnon	male partner
la compagne	female partner
se fiancer avec qqn	to get engaged to sb
épouser qqn | se marier avec qqn	to marry sb
le mariage civil	civil wedding
le mariage religieux	church wedding
les beaux-parents	parents-in-law
le beau-père	father-in-law
la belle-mère	mother-in-law
le beau-frère	brother-in-law
la belle-sœur	sister-in-law
le gendre	son-in-law
la belle-fille	daughter-in-law
se séparer	to separate from each other
l'enfance (f)	childhood
être enfant unique	to be an only child
avoir un frère/une sœur ainé(e)	to have an older brother/sister
avoir un frère/une sœur cadet(te)	to have a younger brother/sister
être l'ainé(e)	to be the oldest sibling
être le cadet/la cadette	to be the youngest sibling
atteindre la majorité	to reach the age of 18

Le mariage et la vie de couple : nouvelles tendances

Recent developments in marriage and living together

la disparition du modèle traditionnel	disappearance of the traditional model
la diminution du nombre de mariages	reduction in the number of marriages
l'âge de mariage augmente	people are getting married later
les formes familiales se diversifient	there is a diversification of family structures
l'augmentation (*f*) du nombre de	increase in the number of
familles éclatées	families that have split up
divorces	divorces
remariages	remarriages
recompositions	reconstituted families
pactes civils de solidarité (PACS)	civil partnerships
familles monoparentales	single-parent families
familles homoparentales	families with same-sex couples
cohabitations prémaritales	people living together before marriage
naissances hors mariage	births to unmarried people
la généralisation de l'union libre	increasing incidence of unmarried couples living together
la chute de la natalité	drop in the birth rate
le recul de l'âge de la maternité	increase in the age at which women have their first child

la révision des rôles traditionnels	revision of traditional roles
la croissance de l'individualisme	increasing importance of individualism
l'importance de	the importance of
l'épanouissement personnel	personal development
l'expression de soi	self-expression
les rôles conjugaux	parts played in a marriage
la distribution des rôles	who plays what part
l'égalité (*f*) entre les sexes	sexual equality
la répartition du pouvoir au sein du couple	power-sharing within a couple
vivre sur un pied d'égalité	to live on an equal footing
le ménage à double carrière	couple both of whom are working
la répartition des tâches	sharing out of tasks
le besoin d'autonomie	need for independence
garder des activités à soi	to keep some activities for oneself
se réaliser à travers une activité professionnelle	to fulfil oneself through a professional activity

Le rôle des grands-parents

la fonction essentielle	the essential function
assurer la conciliation travail-famille	to ensure that parents can reconcile the demands of work and family
offrir un soutien rassurant	to offer reassuring support
garantir une certaine stabilité	to guarantee a measure of stability
accorder de l'attention à l'enfant	to give the child attention
apporter	to provide
un soutien affectif	emotional support
de l'écoute	a sympathetic ear

....

clarifier le partage des rôles	to be clear about how roles are shared
conserver la bonne distance	to maintain the right distance
acquérir un équilibre	to get the right balance
savoir s'effacer	to know how to make oneself inconspicuous
éviter de déborder	to avoid overstepping the mark
éviter de se trouver en situation de conflit	to avoid a confrontational situation
respecter les convictions des parents	to respect the parents' convictions
respecter les choix parentaux	to respect parents' choices
être trop envahissant(e)	to interfere too much
chercher à rivaliser avec les parents	to try to compete with the parents
exprimer des désaccords sur la façon d'élever un enfant	to express disagreement about how a child should be brought up
saper l'autorité des parents	to undermine parental authority
autoriser ce qui est interdit	to allow what is forbidden
brouiller les limites	to make the boundaries unclear
causer un sentiment d'insécurité	to cause a feeling of insecurity
risquer de troubler l'équilibre familial	to risk upsetting the family's equilibrium

Monoparentalité, homoparentalité, familles recomposées

La monoparentalité

le parent seul	single parent
le père/la mère célibataire	unmarried father/mother
un modèle familial de plus en plus répandu	an increasingly widespread family model
le décès (précoce) du conjoint	the (premature) death of the spouse/partner

---

The role of grandparents

Single parenting, same-sex parenting, step-families

Single parenting

la séparation (conflictuelle)	(acrimonious) separation
vivre sans conjoint	to live without a spouse/partner
être en garde alternée	to share custody of the child(ren)
avoir des conséquences sur	to affect
le bien-être social	one's social well-being
le bien-être physique	one's physical well-being
le bien-être mental	one's mental well-being
les difficultés du quotidien	everyday problems
l'absence de relais	the lack of anyone to take over
assumer le quotidien tout(e) seul(e)	to cope with daily life by oneself
assumer les fonctions paternelles et maternelles	to take on the roles of both father and mother
le manque de soutien affectif	lack of emotional support

avoir un emploi du temps surchargé	to have an overloaded timetable
la difficulté à trouver du temps pour soi	the difficulty of finding time for oneself
jongler entre maison et travail	to juggle with home and work
le manque de solutions de garde d'enfants	lack of solutions with regard to child minding
le vrai casse-tête	major headache
faire barrage à l'emploi	to be an obstacle to getting a job
souffrir de discrimination	to suffer discrimination
des facteurs limitant la capacité de travailler	factors limiting the ability to work
manquer	to lack
d'expérience professionnelle	work experience
de flexibilité	flexibility
l'enfant exige une structure rigide	a child demands a strict structure
avoir de fortes contraintes familiales	to have severe constraints imposed by family life
travailler en horaires atypiques	to work unsociable hours
établir des règles de vie régulières	to establish consistent rules
accorder l'attention nécessaire à	to give the necessary amount of attention to
éviter de livrer l'enfant à lui-même	to avoid leaving the child to his/her own devices

le manque d'aide financière	lack of financial help
entrainer des difficultés financières	to bring about financial problems
avoir des conditions de logement précaires	to have precarious housing conditions

Monoparentalité, homoparentalité, familles recomposées

l'allocation (*f*) pour parent isolé	social security payment for lone parents
la pension alimentaire privée	maintenance grant (from the former spouse)

L'homoparentalité — *Same-sex parenting*

le conjoint du même sexe	same-sex partner
désirer élever un enfant	to want to bring up a child
assurer l'équilibre de l'enfant	to ensure that the child is well balanced
démentir les préjugés	to show that the prejudice is ill-founded
dissiper les malaises	to dispel a sense of unease
il n'y a pas de différence par rapport à :	there is no difference with regard to:
l'identité sexuelle	sexual identity
la réussite scolaire	school results
la fréquence des troubles psychologiques	frequency of psychological problems
la qualité des relations sociales	quality of social relationships
pouvoir s'épanouir comme les autres	to be able to flourish like others

l'homophobie (*f*)	homophobia
la discrimination sociale	social discrimination
la stigmatisation homophobe	being stigmatised by anti-gay people
on parle de :	people talk about:
l'influence vitale des deux genres	the vital importance of the influence of both sexes
des problèmes de comportement	behavioural problems
des problèmes émotionnels	emotional problems
s'interroger sur son identité sexuelle	to question one's own sexual identity
supporter le regard des autres	to cope with being stared at
affronter la moquerie dans la cour de l'école	to deal with mockery in the school playground

La famille recomposée — *The step-family*

la famille élargie	extended family
le beau-parent	step-parent
le beau-père	stepfather
la belle-mère	stepmother
le beau-fils	stepson
la belle-fille	stepdaughter
le demi-frère	half-brother
la demi-sœur	half-sister
vivre l'éclatement de la famille	to go through the break-up of the family

le retentissement sur l'enfant	the effect on the child
créer une nouvelle cellule familiale	to create a new family unit
amener ses enfants d'une précédente union	to bring children from a previous marriage
s'adapter à une nouvelle situation	to adapt to a new situation
des jeux de relations complexes	complex interplay of relationships
la relation de l'enfant :	relationship of the child:
au nouveau conjoint	to the new partner
au parent présent	to the parent who is there
au parent absent	to the parent who is not there
à des demi-frères ou demi-sœurs	to half-brothers or half-sisters
la question des rôles	the question of who plays what part
la question des territoires	the question of who occupies what territory
être attentif (-ive) aux éventuelles inquiétudes	to be aware of possible feelings of anxiety
gérer les problèmes relationnels	to manage problems in relationships
créer les conditons d'une bonne entente	create conditons for harmonious relationships
éviter l'accumulation des ressentiments	to avoid a build-up of resentment
avoir des jalousies à arbitrer	to have to settle issues of jealousy
régler des conflits douloureux	to sort out painful disputes
le nouveau conjoint va :	the new partner is going to:
avoir du mal à trouver sa place	have problems finding his/her position
avoir du mal à se faire respecter	have problems gaining respect
éprouver un sentiment d'exclusion	feel excluded
éprouver un sentiment d'impuissance	feel powerless
le nouveau conjoint doit essayer :	the new partner must try:
de se faire accepter	to get himself/herself accepted
d'établir un rapport de confiance	to establish confidence in the relationship
de se rapprocher des enfants	to get closer to the children
de s'impliquer au quotidien	to get involved in their daily lives
de respecter le territoire affectif de chacun	to respect everyone's emotional territory
le parent doit :	the parent must:
rassurer l'enfant	reassure the child
tracer un nouveau cadre pour l'enfant	create a new framework for the child

parler des désaccords	talk about disagreements
légitimer le conjoint	give authority to the new partner
éviter de privilégier son propre enfant	avoid giving his/her own child preferential treatment
le nouveau couple doit :	the new couple must:
se mettre d'accord sur les règles	reach agreement about the rules
présenter un front uni	present a united front
partager des moments	spend time together
créer un esprit de famille	create a family spirit
faire preuve de patience	show patience

....

l'enfant risque d'éprouver :	the child is likely to feel:
de la jalousie	jealous
un sentiment d'appréhension	apprehensive
un sentiment de rejet	rejected
la peur de trahir l'autre parent	fear of betraying the other parent
un conflit de loyauté	a clash of loyalties
se sentir déboussolé(e)	to feel bewildered
l'enfant perçoit...comme un(e) intrus(e)	the child regards...as an intruder
adopter une attitude	to adopt an attitude
de refus	of refusal
d'indifférence	of indifference
se refermer comme une huitre	to clam up
créer une ambiance glaciale	to create a frosty atmosphere

Strategy

There are many nouns linked to -er verbs that end in -ation and they are nearly all feminine.

There are also many such nouns that end in -ment and they are nearly all masculine.

A Tous ces verbes se trouvent dans les listes ci-dessus. Dites si le substantif lié à chaque verbe se termine par -ation ou -ment et vérifiez le genre (masculin ou féminin) pour être sûr/sure.

1	affronter	6	dissiper
2	autoriser	7	établir
3	clarifier	8	interroger
4	conserver	9	régler
5	créer	10	s'épanouir

Strategy

The noun derived from a verb is sometimes less obvious than the examples in (A). Make a note of any unusual ones when you come across them (e.g. chanter = le chant, the act of singing).

B Trouvez dans les listes ci-dessus le substantif qui correspond à chacun des verbes suivants:

1	disparaitre	7	réussir
2	reculer	8	prouver
3	croitre	9	refuser
4	décéder	10	soutenir
5	manquer	11	écouter
6	équilibrer	12	partager

Strategy

It is always useful to know opposites, e.g. donner → recevoir. Ask yourself whether you know the opposite of words you come across and, if not, look them up.

C Trouvez dans les listes ci-dessus le contraire de chacun des mots suivants:

1	la réduction	4	l'accord
2	l'échec	5	permis
3	la méfiance		

Useful websites

You will find other useful vocabulary on the topic of *Les changements dans les structures familiales* on the following websites:

www.psychologies.com/Famille/Familles-recomposees/
Familles-monoparentales (https://tinyurl.com/883nyb2)

www.psychologies.com/Famille/Familles-recomposees
(https://tinyurl.com/yb7aunoe)

www.parents.fr/enfant/education-et-vie-sociale

www.doctissimo.fr/famille%20homoparentalite

2 L'éducation

la crèche	nursery/daycare centre
la maternelle	nursery school
l'école (f) maternelle	infant school
l'école élémentaire ⎱ l'école primaire ⎰	primary school
aller au collège	to go to secondary school
le lycée	school for years 11–13
l'internat (m)	boarding school
la rentrée des classes	start of the school year
être scolarisé(e)	to attend school
la scolarité obligatoire	compulsory schooling
le proviseur	head/principal of a *collège* or *lycée*
le proviseur adjoint	deputy head of a *collège* or *lycée*
le/la directeur (-trice) ⎱ le chef d'établissement ⎰	head/principal
le/la surveillant(e)	supervisor (e.g. of study period, playground)
le/la professeur des écoles	primary school teacher
enseigner	to teach
apprendre qqch à qqn	to teach someone something
faire des progrès	to make progress
se tenir informé(e)	to keep oneself informed
la matière	subject
le manuel	textbook
être fort(e) en/être doué(e) pour	to be good at
être faible en	to be weak at
l'examen (m)	examination
l'épreuve (f) écrite	written test
l'épreuve (f) orale	oral test
passer le brevet	to take a GCSE equivalent
passer le bac	to take an A-level equivalent
les disciplines	subjects
évaluer	to assess
le résultat	result
la réussite	success
l'échec (m)	failure
le bulletin trimestriel	termly report
l'activité parascolaire	extra-curricular activity

Le système éducatif et les questions estudiantines

l'école laïque	non-denominational state school
la laïcité	secularism
etre géré(e) par l'État	to be state-run
le secteur privé	independent sector
le lycée professionnel	vocational sixth-form college
le lycée d'enseignement général et technologique	academic sixth-form college
l'académie (f)	regional education authority
le rectorat	Chief Education Officer
le CPE (conseiller principal d'éducation)	teacher in charge of discipline
la mixité	co-education
la non-mixité	single-sex education

une classe surchargée	an overcrowded class
fournir un matériel adéquat	to provide adequate resources
des établissements performants	high-performing schools
l'égalité (f) des chances	equal opportunities
l'acquisition (f) du socle commun	acquisition of basic skills
le prolongement de la scolarité obligatoire	increasing the length of compulsory schooling
un taux de réussite de plus en plus élevé	an ever-increasing exam pass rate
réduire l'effectif des classes	to reduce class sizes
alléger les programmes	to lighten syllabuses
améliorer le taux d'encadrement en personnel enseignant	to improve the teacher–pupil ratio
éveiller les jeunes à la citoyenneté responsable	to kindle responsible citizenship in young people

développer chez l'élève :	to develop in the pupil:
une soif pour l'apprentissage	a thirst for learning
une curiosité intellectuelle	intellectual curiosity
l'habileté à penser de façon critique	the ability to think critically
l'habileté à utiliser ses connaissances	the ability to use one's knowledge
inculquer des savoirs/compétences	to instil knowledge/skills
apprendre à l'élève à :	to teach the pupil to:
exprimer des idées	to express ideas
cultiver sa créativité	to cultivate creativity
comprendre le monde naturel	to understand the natural world

apprécier son patrimoine	to value his/her heritage
respecter la culture d'autrui	to respect the culture of others
apprécier le mérite des individus	to value the worth of individuals
respecter les valeurs communautaires	to respect community values
maintenir une bonne santé	to stay healthy
l'orientation (f) pédagogique	educational guidance

tirer le meilleur de soi-même	to get the best out of oneself
acquérir les connaissances de base	to acquire basic knowledge
élargir ses connaissances	to broaden one's knowledge
s'astreindre à un travail régulier	to get down to a steady rhythm of work
acquérir une connaissance approfondie	to acquire thorough knowledge
atteindre le niveau de qualification nécessaire	to reach the required standard
devenir apte à poursuivre des études plus poussées	to acquire the ability to pursue further studies

le corps enseignant	teaching profession
le personnel enseignant	teaching staff
la correction des copies	marking
éclaircir	to explain, clarify
l'éclaircissement (m)	explanation
se faire chahuter	to be played up
se faire respecter	to earn respect
faire aimer/détester sa matière	to get people to enjoy/hate one's subject
encourager le dialogue	to encourage discussion
être sympathique/antipathique	to be likeable/not likeable
être ouvert(e)	to be approachable
connaitre sa discipline	to know one's subject
transmettre clairement ses connaissances	to get one's knowledge across
une ambiance (peu) disciplinée	a disciplined/an undisciplined atmosphere
une ambiance décontractée	a relaxed atmosphere

au programme	on the syllabus
le contenu du programme	syllabus content

ce qui suscite mon intérêt	what engages my interest
saisir l'idée	to grasp the idea
retenir	to memorise
se consacrer à son travail	to commit oneself to work
appliqué(e)/travailleur (-euse) } courageux (-euse)	hard-working
consciencieux (-euse)	conscientious
le courage	energy, morale
l'assiduité (f)	consistency of effort
la prise de notes efficace	efficient note-taking
intervenir en classe	to participate in class
la rédaction	essay
rédiger une dissertation	to write up a long essay

---

passer en seconde	to move into year 11
la (classe de) première	lower sixth form
choisir une option/section/filière	to choose a group of subjects
émettre des vœux d'orientation	to express a preference for certain subjects
arrêter une décision d'orientation	to reach a decision about which subjects to study
éviter les filières poubelle	to avoid combinations of subjects regarded as 'dead end'
un travail (plus) exigeant	(more) demanding work
un climat de compétition	a competitive atmosphere
le bourrage de crâne	cramming
être surchargé(e)/débordé(e) de travail	to be overworked
un programme surchargé	an overloaded syllabus
travailler avec acharnement } travailler d'arrache-pied	to work furiously hard
un travail de longue haleine	work requiring a long-term effort
mettre les bouchées doubles	to redouble one's efforts
rester en tête du peloton	to stay in the lead
se distinguer de la masse	to be head and shoulders above the others
être à la hauteur des attentes parentales	to live up to parental expectations
être au palmarès	to be among the prizewinners

être fainéant(e)	to be lazy
un travail insuffisant	inadequate work
prendre du retard	to fall behind

se décourager	to get disheartened
le cours de rattrapage	remedial/catch-up lesson
les cours particuliers	private tuition
le contrôle continu	continuous assessment
l'examen blanc	mock exam
avoir un trou de mémoire	to have a lapse of memory
le relevé/bulletin de notes	school report
être recalé(e) à l'oral	to fail the oral exam
réussir être reçu(e)	to pass
une mention bien	a good grade
une mention passable	a pass grade
réussir au baccalauréat	to pass an A-level equivalent
échouer au baccalauréat	to fail an A-level equivalent
le dossier scolaire	school record
le harcèlement	bullying
malin(e)	smart, shrewd
se ronger les sangs	to worry oneself sick
les résultats en baisse	marks on the decline
les soucis (*m*) financiers	financial worries

....

le/la bachelier (-ière)	someone who has passed an A-level equivalent
le baccalauréat professionnel (bac pro)	professional baccalaureate
le baccalauréat général/technologique	general/technology baccalaureate
le baccalauréat scientifique	science baccalaureate
le baccalauréat série ES (bac économique et social)	economics and social science stream baccalaureate
le baccalauréat littéraire	literature stream baccalaureate
le brevet d'enseignement professionnel (BEP)	technical school certificate
le certificat d'aptitude professionnelle (CAP)	vocational training certificate
le brevet de technicien supérieur (BTS)	vocational training certificate taken after the age of 18
un diplôme professionnel	professional qualification
un centre de formation d'apprentis (CFA)	training centre for apprentices
le Diplôme universitaire de technologie (DUT)	2-year qualification taken at a technical college after the *bac*
la formation	education, training

la formation complémentaire d'initiative locale	further training specific to each particular area of France
la licence	Bachelor's degree
le mastère (spécialisé)	Master's degree
le CAPES (certificat d'aptitude au professorat du second degré)	teaching diploma

préparer son intégration dans la société	to prepare for life beyond school
être adapté(e) au marché de l'emploi	to be employable
l'allongement de la scolarité	increase in the length of time spent in full-time education
l'enseignement (m) supérieur	higher education
le problème d'inscription en faculté	difficulty of getting into university
la fac	uni
facultatif (-ive)	optional
le cursus	career path, university course
le cycle d'études	academic cycle
une année sabbatique	a gap year
poursuivre des études	to continue one's studies
s'inscrire à la faculté	to sign up for a university course
la course effrénée aux diplômes	frantic race for qualifications
les classes préparatoires	preparatory classes for those applying for a *grande école*
en prépa	enrolled in a preparatory class
une grande école	a higher education establishment
une école normale supériéure (ENS)	an elite higher education institution (an *ENS* is a *grande école*)
prestigieux (-euse)	prestigious
axé(e) sur	focused on
passer un concours	to take a competitive exam
sélection sur concours	selection through an entrance exam
avoir le niveau intellectuel requis	to be of the required academic standard
le cours magistral / la conférence	lecture
l'amphithéâtre (m)	lecture hall
les travaux dirigés	seminar, tutorial
le tutorat	mentoring, pastoral care
se munir d'un diplôme monnayable	to equip oneself with a marketable qualification
le sésame de l'insertion professionnelle	the key to success in the job market

être en troisième cycle	to be on a postgraduate course
l'agrégation (f)	postgraduate competitive examination
faire de la recherche	to do research
la thèse de doctorat	doctoral thesis

la démocratisation de l'enseignement supérieur	making higher education accessible to people from all backgrounds
le cout des études supérieures	cost of higher education
les frais (m) d'inscription	enrolment/registration fees
les frais (m) d'entretien	maintenance costs
le prêt bancaire pour étudiants	student loan
la bourse d'études	grant
amasser des dettes	to accumulate debts
les conditions d'étude	conditions in which people study
la pénurie de logements universitaires	shortage of student accommodation
un programme peu adapté aux besoins actuels	a syllabus poorly suited to current needs
répondre aux besoins des entreprises	to respond to the needs of businesses
le décalage entre théorie et pratique	gap between theory and practice
un encadrement insuffisant	inadequate supervision
la suppression de postes	reduction in staff numbers
l'orientation et l'insertion	career guidance and placement
s'orienter	to lean towards
le taux de chômage à la sortie	level of graduate unemployment
l'ampleur du chômage des jeunes	extent of unemployment among the young
engendrer des chômeurs diplômés	to create unemployed graduates

Strategy

It is important to know the gender of French nouns in order to ensure that your written and spoken language is correct. Keep these points in mind to help you to remember genders.

● Always learn a French word with its article.
● Remember that you can often work out the gender of plural nouns in sentences by looking for clues such as adjectival agreement, so try to learn vocabulary in context.
● Remember that some noun endings are generally masculine, e.g. -isme, and others are generally feminine, e.g. -ette, although there are exceptions to this rule.

A Connaissez-vous le genre de chacun des substantifs ci-dessous ? Écrivez *le* ou *la* à chaque fois. Ensuite, vérifiez dans les listes de vocabulaire. Apprenez les genres de ces mots par cœur !

1 .... école
2 .... collège
3 .... classe
4 .... matière
5 .... manuel
6 .... tutorat
7 .... taux
8 .... conférence
9 .... contenu
10 .... contrôle
11 .... programme
12 .... thèse

B Quel est le genre de chacun des substantifs soulignés ? N'oubliez pas de regarder les adjectifs ainsi que les participes passés !

1 C'est quoi, le sésame de l'insertion professionnelle ?
2 L'épreuve orale va avoir lieu demain.
3 Les universités françaises ont souvent mauvaise presse.
4 N'oublions pas les nouvelles compétences qu'elle a acquises.
5 Les cours particuliers peuvent être très utiles.
6 L'amphithéâtre est toujours bondé.
7 Elle n'aime pas parler des problèmes qu'elle a eus au collège.
8 Je m'oriente vers l'enseignement supérieur.

C Écrivez des substantifs tirés des listes de vocabulaire ci-dessus. Regardez leurs genres. Est-ce que chaque terminaison est typiquement féminine ou masculine ? Est-ce qu'il y a des exceptions à ces règles ?

1 les substantifs qui se terminent en -(i)er ou -eur
2 les substantifs qui se terminent en -t, -et, -ment
3 les substantifs qui se terminent en -isme
4 les substantifs qui se terminent en -age
5 les substantifs qui se terminent en -té
6 les substantifs qui se terminent en -ée, -e
7 les substantifs qui se terminent en -(i)ère
8 les substantifs qui se terminent en -(t)ion

D Regardez les terminaisons de ces substantifs tirés des listes de vocabulaire ci-dessus et remplissez chaque blanc avec le ou la. Ensuite, vérifiez dans les listes de vocabulaire. Apprenez les genres de ces mots par cœur !

1 .... recherche
2 .... chômeur
3 .... dette
4 .... logement
5 .... faculté
6 .... cout
7 .... théorie
8 .... meilleur
9 .... prêt
10 .... tête
11 .... culture
12 .... courage

Useful websites

You can find other useful vocabulary on the topic of *L'éducation* on the following websites :

www.letudiant.fr/

www. lemonde.fr/education

www.sorbonne.fr/tous-les-grands-etablissements/
(https://tinyurl.com/yajq3x2r)

3 Le monde du travail

choisir un métier	to choose an occupation
gagner sa vie	to earn a living
faire des projets d'avenir	to make plans for the future
être motivé(e)	to be motivated
être diplômé(e)	to be qualified
l'ambition (f)	ambition
ambitieux (-euse)	ambitious
chercher un emploi	to look for a job
le demandeur d'emploi	job seeker
les offres (f) d'emploi	advertisements for jobs
le poste vacant	vacancy
le recrutement	recruitment
trouver une situation	to find a job
le jour ouvrable	working day
le jour férié	public holiday
le jour de congé	day off
le congé payé	paid holiday
la pause-déjeuner	lunch break
avoir une carrière	to have a career
travailler à temps plein/partiel	to work full time/part time
travailler à mi-temps	to work part time
un domaine d'activité	job sector
les professions libérales	professions in private practice
la fonction publique	civil service
le/la fonctionnaire	civil servant
le secteur tertiaire	service industries

La vie active en France et les attitudes envers le travail	*Work life in France and attitudes towards work*
l'orientation professionnelle	career guidance
se destiner à une carrière dans…	to be aiming for a career in…
se fixer un objectif	to set oneself a goal
voler de ses propres ailes	to stand on one's own two feet
les perspectives (f) de carrière	career prospects
faire carrière	to make a career
plus on est diplômé(e), moins on risque d'être au chômage	the better qualified you are, the less likely you are to be out of work
être à la retraite	to be retired

manquer d'expérience	to lack experience
l'apprentissage (*m*)	apprenticeship; learning process
effectuer/suivre/faire un stage	to do a course; to do work experience
le stage en entreprise	work experience
le/la stagiaire	course participant; trainee
le niveau de formation	level of training
la spécialité de formation	particular area of training
les compétences (*f*)	skills
la formation continue	ongoing training
la formation en alternance	job training alternating with education
l'apprentissage (*m*) sur le terrain	apprenticeship in the workplace
être formé(e) sur le tas	to learn on the job
s'initier aux pratiques du métier	to get basic experience of a job
acquérir une compétence	to acquire a skill
se spécialiser en/dans...	to specialise in...
connaitre les ficelles du métier	to know the ins and outs of the job
l'accomplissement (*m*) personnel	personal achievement
l'enrichissement (*m*) personnel	personal enrichment

le/la candidat(e) le postulant	applicant, candidate
la candidature la demande d'emploi	application
faire une demande d'emploi solliciter un emploi postuler pour un emploi	to apply for a job
la formulaire de demande d'emploi	job application form
le CV (curriculum vitæ)	CV
la description de poste	job description
posséder les qualifications requises	to possess the required qualifications
avoir un niveau de formation (in)suffisant	to have an (in)adequate level of training
fournir des références	to provide references
être expérimenté(e)	to be experienced
être à la hauteur	to be equal to the task
la direction	management
l'entretien (*m*) d'embauche (*f*)	job interview
embaucher	to hire
engager	to employ

une offre d'emploi	job offer
être nommé(e)	to be appointed
se faire embaucher	to be taken on
signer un contrat	to sign a contract
toucher un salaire	to earn a salary
un(e) employé(e)	employee
un(e) employeur (-euse)	employer
démissionner	to resign
l'ANPE (l'Agence nationale pour l'emploi)	National Employment Agency
s'inscrire comme demandeur d'emploi	to sign on as unemployed and looking for work
une agence de placement	an employment agency
le chasseur de têtes	head hunter
faire des démarches auprès de…	to make approaches to…
une offre séduisante	an irresistible offer
combler un vide sur le marché du travail	to find and fill a gap in the job market
un contrat à durée déterminée/ indéterminée	a temporary/permanent contract
une embauche définitive	a permanent job

l'intérimaire	temporary replacement
le travail saisonnier	seasonal work
le travail intérimaire	temporary work, filling in for someone
l'insertion (f) professionnelle	getting into the job market
concurrentiel(le)	competitive
offrir d'intéressants débouchés	to offer interesting job prospects
travailler à son compte	to work for oneself
éviter les secteurs en déclin	to avoid areas with poor prospects
un emploi précaire	an insecure job
une pénurie de main-d'œuvre	a shortage of labour
une pénurie de personnel qualifié	a shortage of qualified staff
un manque aigu d'hommes de terrain	an acute shortage of experienced people
la surqualification par rapport aux métiers	over-qualification in relation to the work
l'excédent (m)	surplus
la raréfaction de l'emploi	scarcity of jobs
le vacataire	temporary employee
le partage du travail	work sharing

le travail par roulement	shift work
faire les trois-huit	to do shift work

la foire d'empoigne	the rat race
l'entrée (f) en activité	starting one's first job
une période d'essai	a trial period
avoir le pied à l'étrier	to be on the way up
miser sur ses atouts	to play on one's good points
se faire pistonner	to get someone to pull strings for you
réussir par ses propres moyens	to succeed by one's own efforts
trouver un emploi par relations	to get a job through contacts
gravir les échelons monter dans la hiérarchie	to climb the ladder
avoir un esprit de compétition	to be the competitive type
sauter sur l'occasion qui se présente	to leap at the opportunity
tirer son épingle du jeu	to do well for oneself
le salaire au mérite	performance-related pay
être promu(e)	to be promoted
accéder au statut de…	to reach the position of…
le cadre moyen	middle manager
le cadre supérieur	top manager
la gestion	management (abstract)
la direction	management (people)
le president-directeur general (PDG)	managing director
délocaliser	to relocate
demander une mutation	to request a transfer

faire le pont	to take an extra day off between a public holiday and a weekend or between a weekend and a public holiday
le congé formation	time off for training
partir en congé (de) maladie	to go on sick leave
les congés annuels	annual leave
les congés payés	paid leave
le congé sabbatique (rémunéré)	(paid) sabbatical leave

le désœuvrement	aimlessness
l'allocation (f) (de) chômage	unemployment benefit
toucher l'aide publique	to be on social security
les inactifs allocataires	non-working population drawing benefit

le chômage de longue durée	long-term unemployment
le cout humain	the cost in human terms
avoir l'impression d'être mis(e) au rebut	to feel rejected

Le droit de grève
The right to strike

la contestation	protest
la revendication	demand, complaint
la revendication salariale	pay claim
la réclamation	complaint
(peu) légitimée	(not) legitimate
la diminuation du temps de travail	reduction in working hours
déclencher	to set in motion
le mouvement social	industrial action
les mouvements (*m*) de grève	strikes
le mouvement ouvrier	workers' movement
l'arrêt (*m*) du travail	walk-out
lancer un appel de grève	to call a strike
appeler à la grève	to take industrial action
déposer un préavis de grève	to give notice of strike action
faire grève	to go on strike
le/la gréviste	striker
le pays de grévistes	country of strikers
se porter gréviste	to join a strike
le piquet de grève	picket
la ligne de piquetage	picket line
le chômage massif	mass unemployment
le taux de chômage	rate of unemployment
donner son préavis	to hand in one's notice

paralyser	to bring to a standstill
occasioner un retard	to cause a delay
les services (*m*) d'urgence (*f*)	emergency services
compromettre	to endanger
se solidariser avec qqn	to come out in sympathy with sb

un emploi stable	a secure job
la sécurité de l'emploi	job security
les horaires flexibles	flexitime
travailler en dehors des heures normales	to work unsocial hours
les heures (*f*)/horaires (*m*) de travail	working hours
la réduction de la durée du travail	shortening of the working week

faire des heures supplémentaires	to work overtime
épuisé(e)	exhausted
gérer son stress	to handle one's stress
l'intensification (f) du travail	work intensification
la rentabilité	profitability
jongler entre les rôles	to juggle roles

les acquis (m) sociaux	social rights/achievements
les droits (m) des travailleurs	workers' rights
étendre le mouvement-à-d'autres secteurs	to spread the movement to other areas of industry
mener un conflit au coude-à-coude	to stand shoulder to shoulder in a dispute
le partage des gains de productivité	sharing benefits of increased productivity
le syndicat	union
adhérer à	to join
faire partie d'un syndicat	to belong to a union
la cotisation syndicale	union dues, subscription
la/la syndicaliste	union member
le/la responsable syndical(e)	union official
le/la délégué(e) syndical(e)	union representative
la puissance revendicative des syndicats	bargaining power of the unions
les pourparlers (m)	negotiations
l'affaiblissement (m) de l'esprit (m) syndicaliste	decline in union support
le poids syndical s'est allégé	union influence has decreased
la lutte	fight
protéger l'égalité (f)	to protect equality
trouver une embauche facilement	to find a job easily

L'égalité des sexes — *Gender equality*

le congé (de) maternité/paternité	maternity/paternity leave
l'impact négatif sur le parcours professionnel	negative impact on career
la discrimination sexuelle	sexual discrimination
le harcèlement sexuel	sexual harassment
être victime/l'objet de discrimination	to be discriminated against
être victime de dérision	to be the victim of ridicule
le préjugé sexiste	sexist prejudice
le déroulement de carrière	career path
la précarité	insecurity

l'inégalité persistante	abiding inequality
la disparité salariale	difference between salary levels
à poste identique à emploi équivalent	for the same job
les femmes sont gravement sous-représentées	women are seriously under-represented
les femmes sont sous-représentées aux postes de direction	women are under-represented in management roles
la répartition hommes–femmes des emplois	jobs shared out according to genders
la répartition des rôles	distribution of roles
une filière monopolisée par les hommes	area monopolised by men
faire avancer la cause des femmes	to advance the cause of women
la non-discrimination l'égalité des chances	equality of opportunity
l'égalité salariale	equality of earnings
la parité	gender equality
être sur un pied d'égalité avec	to be on an equal footing with
accomplir une percée	to make a breakthrough
investir des citadelles masculines	to invade male bastions
la lenteur de l'évolution des mentalités	slow pace of change in attitudes
abaisser	to humiliate
avantager	to favour
endommager	to damage

être carriériste	to be career-minded
autonome	self-sufficient
accéder à la vie professionnelle	to have access to a career
un couple biactif	both partners working
les salariés-parents	working parents
conserver deux salaires	to keep getting two salaries
une carrière valorisante	rewarding career
l'épanouissement (*m*) professionnel	fulfilment through one's career
l'amour-propre (*m*)	self-esteem, pride
faire valoir ses droits	assert one's rights
l'engagement (*m*) professionnel	commitment to the job
s'investir pleinement dans…	to throw oneself into…
une mise en balance des priorités	weighing up the priorities
être disponible	to be available
concilier vie de famille et vie professionnelle	to reconcile family life and professional life

la gestion de temps	time management
trouver un équilibre entre…	to find a balance between…
l'égalité des rôles parentaux	fair division of parental roles
la partage équitable des responsabilités familiales	equitable division of family responsibilites

---

être confronté(e) à un dilemme	to face a difficult choice
abandonner sa carrière	to abandon one's career
rester femme au foyer	to stay at home and look after the family
rémunérer les femmes au foyer	to pay housewives for their work
considérer la famille comme un frein à sa carrière	to regard the family as a brake on one's career
éprouver un besoin de s'épanouir	to feel a need to fulfil oneself
conjuguer carrière et famille	to combine a career with family life
jongler avec des impératifs contradictoires	to juggle with conflicting demands
rejaillir sur la vie de famille	to have repercussions on family life
l'aménagement (*m*) des heures de bureau	adaptation of working hours
la souplesse des horaires	flexibility of working hours
travailler à domicile	to work at home

ACTIVITIES

Strategy

It is helpful to think of words as being part of a family rather than as individual words that stand alone. For example, a noun, verb, adjective or adverb usually links to other words with the same root. Words within these word families have similar meanings, for example: *s'abonner à, l'abonnement, se désabonner, le désabonnement, se réabonner, le réabonnement* (to subscribe to, subscription, to unsubscribe, cancellation of a subscription, to resubscribe, renewal of a subscription).

Learning whole families of words in this way, rather than each word in isolation, helps you not only to remember them but also to extend your vocabulary. However, remember that word-family patterns can be irregular, for example: *poumon/pulmonaire; main/manuel; mer/marée; chaud/chaleureux.*

A   Trouvez dans les listes de vocabulaire au sujet du monde du travail des mots qui appartiennent à la même famille que les verbes ci-dessous. Ensuite, traduisez les mots en anglais.

1   motiver
2   employer
3   s'épanouir
4   aménager
5   discriminer
6   faiblir
7   demander
8   partager
9   recruter
10 harceler
11 engager
12 offrir

B   Trouvez dans les listes de vocabulaire au sujet du monde du travail des mots qui appartiennent à la même famille que les substantifs ci-dessous. Ensuite, traduisez les mots en anglais.

1   l'initiation
2   la spécialisation
3   la rémunération
4   la considération
5   le manque
6   l'accomplissement
7   l'acquisition
8   la connaissance
9   l'adhésion

50   **Les changements dans la société française**

10 le choix
11 la valeur
12 la gestion

C Écrivez des mots qui viennent de la même famille que chacun des verbes
suivants. Combien de mots pouvez-vous trouver ? Cherchez dans un dictionnaire
si vous en avez besoin. Ensuite, traduisez tous les mots en anglais.
Exemple : 1 abandonner = l'abandon, abandonné(e), s'abandonner

1 abandonner
2 travailler
3 concilier
4 s'investir
5 conserver
6 endommager
7 abaisser
8 avantager
9 toucher
10 chercher
11 tirer
12 sauter
13 avancer
14 protéger
15 humilier
16 surveiller

D Enfin, écrivez des mots qui viennent de la même famille que les adjectifs
ci-dessous. Cherchez dans un dictionnaire si vous en avez besoin. Ensuite,
traduisez les mots en anglais.

1 diplômé(e)
2 ambitieux (-euse)
3 payé(e)
4 professionnel(le)
5 continu(e)
6 formé(e)
7 personnel(le)
8 intéressant(e)
9 concurrentiel(le)
10 libéral(e)
11 publique
12 qualifié(e)

Useful websites

You can find other useful vocabulary on the topic of *Le monde du travail* on
the following websites:

www.lemonde.fr/emploi/

http://travail-emploi.gouv.fr/

La culture politique et artistique dans les pays francophones

4 La musique

la chanson	song
l'air (*m*)	tune
le chant	singing
le chanteur/la chanteuse ⎫ l'interprète (*m/f*) ⎭	singer
le couplet	verse
le/la guitariste	guitarist
le batteur	drummer
le tube	hit
l'album (*m*)	album
le concert	concert
le compositeur/la compositrice	composer
le groupe	band
les paroles	words/lyrics
le refrain	chorus
télécharger	to download; to upload
exprimer ses émotions	to express one's emotions
la musique pop	pop music
la musique rock/le rock	rock music
la musique classique	classical music
la musique folk/le folk	folk music
la radio	radio
les stations de radio	radio stations

Les changements et les développements	*Changes and developments*
à la pointe	at the forefront, cutting edge
l'effet (*m*) de voix (*f*)	voice/vocal effect
le genre musical	musical genre
les harmonies (*f*)	harmonies

l'instrument (*m*)	instrument
la nouveauté	novelty
la rébellion	rebellion
la révolution musicale	musical revolution
le rythme	rhythm
le style	style
les thèmes (*m*)	themes
favoriser les mêmes thèmes	to favour the same themes
les traditions (*f*)	traditions
faire passer un message	to get a message across
émouvant(e)	moving
original(e)	original
la simplicité	simplicity
connaitre de nombreuses réincarnations	to know numerous reincarnations
une vraie industrie	a true/real industry
être remplacé(e) par	to be replaced by

alternatif (-ive)	alternative
l'époque (*f*)	time
la musique baroque	Baroque music
le bouyon	bouyon music (from Guadeloupe)
la chanson française	French song
la chanson réaliste	French songs reflecting the despair of real life
les chansons d'amour	love songs
les chanteurs poètes	poetic singers
la chorale	choir
le gwoka	Gwo ka (part of Guadeloupean folk music)
le jazz	jazz
le hip hop	hip hop
le mérengué/merengue	merengue
la musique électronique	electronic music
politique	political
sociétal(e)	social
le slam	Slam music (type of death metal)
le raï	rai music (from Algeria)
le rap	rap
le reggae	reggae
la techno	techno music

les yé-yé (m/f)	French pop singers of the 1960s
le mouvement yé-yé	*yé-yé* fever (1960s)
le vaudou	voodoo
le séga	Sega music (from Mauritius)
des styles musicaux uniques	unique musical styles
le zouk	Zouk music (from the Caribbean)
provenir de	to come from
les troubadours	troubadours

la vague de musique africaine	wave of African music
antillais(e)	West Indian
canadien(ne)	Canadian
le Cameroun	Cameroon
camerounais(e)	from Cameroon
la Côte d'Ivoire	Ivory Coast
ivoirien(ne)	from the Ivory Coast
le Mali	Mali
sénégalais(e)	Senegalese
le créole	Creole
québécois(e)	from Quebec
haïtien(ne)	Haitian
la colonie	colony
la colonisation	colonisation
les groupes (m) locaux	local bands
les langues (f) locales	local languages
les coutumes (f)	customs

poser un regard critique sur

l'authenticité (f)	authenticity
musicalement très riche	musically very rich
le mélange	mix
se concentrer sur les idées politique	to concentrate on political ideas
poser un regard ... sur	to take a ... look at
poser un regard critique sur	to take a critical look at
éclectique	eclectic
l'origine (f)	origin
l'influence (f)	influence
critiquer le pouvoir	to criticise those in power
militant(e)	militant
décrire le quotidien	to describe everyday life
dénoncer les injustices sociales	to denounce social injustice
s'entremêler	intermingle

l'authenticité
musicalement très riche
le mélange
se concentrer sur les idées politiques

décrire le quotidien

s'exprimer	to express oneself
informer	to inform
le message politique	political message
le programme politique	political platform
transmettre un message d'espoir	to relay a message of hope
connu(e)	well-known
les grands artists	big/great artists
poétique	poetic
transmettre des convictions	to pass on/communicate convictions
essentiel(le)	essential

. . . .

la loi Toubon	a law that states that 40% of music played by French radio stations must be in French
les nouveaux talents (*m*)	new talent
permettre à des talents d'être connus	to allow talent to be heard
les nouvelles chansons (*f*) françaises	new French songs
passer (une chanson)	to play (a song)
la playlist	playlist
le quota	quota
obligatoire	compulsory
le pourcentage	percentage
remplir le quota	to fulfil the quota *rmplir le quotra*
représenter	to represent *représenter*
sous-représenté(e)	under-represented *sous-représenté*
respecter/appliquer les règles	to respect/apply the rules *appliquer les*
se servir de	to use *utiliser* *régler*
imposer	to impose *imposer*

. . . .

la numérisation	digitalisation
le streaming	streaming
la transmission en podcast ou en streaming	broadcasting by podcast or streaming
télécharger	to download
la victime du téléchargement	victim of downloading
l'essor de réseaux de partage	expansion of networks through which people can share music
le piratage	piracy
le téléchargement illégal	illegal downloading
les comportements (*m*) illicites	illegal behaviour
la baisse des ventes de CD	drop in the sales of CDs

la distribution gratuite de musique pour promouvoir de nouvelles sorties	free distribution of music to promote new releases
Les ventes numériques pourront-elles un jour compenser les pertes du marché physique ?	Will digital sales compensate for the losses of the phyisical market one day?
les artistes indépendants	independent artists
la redevance	royalties
le site d'hébergement de musique	music website
toucher une redevance	to get royalties
le pouvoir des sociétés de distribution	the power of distribution companies
le pouvoir de négociation grandissant des sites hébergeurs	the growing negociating powers of host sites
s'adapter à	to adapt to
s'égarer	to lose one's way
être en concurrence avec	to be in competition with
être menacé(e)	to be threatened
évoluer	to evolve
l'ordre (m) de préférence (f)	order of preference
La situation s'améliorera-t-elle ?	Will the situation improve?
Survivra-t-elle ?	Will it survive?
se tourner vers	to turn to
la fermeture définitive des magasins de disques	closing-down of record shops
en voie de disparition	on the road to extinction
le bilan	outcome, toll

Cherchons une solution !	Let's look for a solution!
Réfléchissons !	Let's consider!
maintenir de l'intérêt	to maintain interest
promouvoir certaines formes musicales	to promote certain types of music
la protection des droits	protection of rights
loi Hadopi (Haute Autorité pour la diffusion des œuvres et la protection des droits sur Internet)	a law regarding the uploading of works and the protection of rights on the Internet
l'attitude (f)	attitude
l'efficacité (f)	efficiency
être courageux (-euse)	to be brave
appliquer des concepts nouveaux	to apply new concepts
viser	to aim at
la liste de recommandations	list of recommendations

négocier	to negotiate
vendre plus d'albums	to sell more albums
au niveau régional	at a regional level
au niveau national	at a national level
C'est une histoire à suivre.	Watch this space.

L'impact de la musique sur la culture populaire
The impact of music on popular culture

adopter	to adopt
diffuser (de la musique)	to play (music)
écouter	to listen
entendre	to hear
à la radio	on the radio
être à l'affiche (*f*)	to be on the bill

l'adepte (*m/f*) l'enthousiaste (*m/f*)	enthusiast
apprécier	to like, to appreciate
apprécié(e) par	appreciated by
attiré(e)	attracted
les jeunes	young people
destiné(e) aux jeunes	aimed at young people
rapprocher les jeunes	to draw young people closer together
les adolescents	teenagers
le/la punk	punk rocker
le/la fan de gothique	Goth
s'éclater	to have a great time
faire partie de	to belong to
la fierté	pride
s'identifier à	to identify with
trouver une identité	to find an identity
idolâtrer	to idolise
le comportement	behaviour
passionné(e)	passionate
les préférences (*f*) musicales	musical preferences
suivre	to follow
la tendance	trend
s'isoler	to isolate oneself
réceptif (-ive)	receptive
les artistes sur Twitter	artists on Twitter
la popularité des clips	popularity of music videos

affecter	to touch, to affect
l'humeur (f)	mood
la mentalité	mentality, attitude
changer la vie de qqn	to change someone's life
connaitre un succès énorme	to know enormous success
se détendre	to relax
jouer un rôle important	to play an important role
plaire à	to please
Cela me réchauffe le cœur de...	It warms my heart to…
rendre heureux qqn	to make someone happy
rendre nostalgique qqn	to make someone nostalgic
une influence calmante	a calming influence
l'effet (m) néfaste	harmful effect
controversé(e)	controversial
rêver d'un autre monde	to dream of another world
les sentiments (m)	sentiments
stimuler les émotions (f)	to stimulate emotions
subliminal(e)	subliminal
les traditions (f) anciennes	ancient traditions
le désillusionnement	disillusionment
se méfier de	to be careful about, to mistrust
gare aux conséquences	beware of the consequences

le/la consommateur (-trice)	consumer
le/la fan	fan
le festival	festival
les festivaliers	festival-goers
faire la fête	to party, to celebrate
les générations successives	successive generations
les préférences différentes	different preferences
les gouts (m) du moment	current tastes

son succès stimule l'économie (f)	its success boosts the economy
créer des emplois (m)	to create jobs
économiquement très bénéfique	economically very beneficial
l'usage (m) de la musique	use of music
la campagne publicitaire	advertising campaign

le festival de musique	music festival
le festival Art Rock	Breton festival combining music and art

les Francofolies	music festival celebrating francophone music
Festa 2h	festival that takes place in Dakar to celebrate francophone rap music
florissant(e)	flourishing
se faire une réputation	to build a reputation for oneself
chanter en français	to sing in French
produire des disques entièrement en français	to make records entirely in French
faire une carrière entièrement francophone	to make an entirely French-based career
les génies de la chanson francophone	geniuses of French song
les stars (f) nationales	national stars
l'idole (f)	idol
valoriser	to increase the status of
fêter la musique francophone	to celebrate French music
célébrer la francophonie	to celebrate the French-speaking world
accueillir les chanteurs francophones	to welcome French-speaking singers
révéler les jeunes talents	to reveal young talent
protéger	to protect
propulser sur la scène internationale	to propel onto the world stage
la mondialisation	globalisation
un nombre croissant d'artistes francophones préfèrent chanter en anglais	an increasing number of francophone artists prefer singing in English
être en concurrence avec les chanteurs anglophones	to be in competition with singers who sing in English
les jeunes écoutent de plus en plus de musique américaine/anglophone	young people listen to more and more American/English music
une façon idéale d'apprendre une langue	an ideal way to lean a language

Strategy

In order to learn and extend your vocabulary, it is useful to be aware of cognates (*les mots apparentés*). True cognates mean the same thing in English and French, e.g. *la solution*, while near cognates (*les mots presque apparentés*) mean the same or have an associated meaning but have a slightly different spelling, e.g. *un effet.* However, beware of false cognates (*les faux amis*), which look similar to English words but mean something different, e.g. *attendre*.

A Lesquels de ces mots, tirés des listes de vocabulaire ci-dessus, sont des mots apparentés (ou presque apparentés) et lesquels sont de faux amis ? N'oubliez pas que certains mots changent de sens selon le contexte. Traduisez les faux amis en anglais.

1 la situation
2 l'influence
3 un air
4 national
5 la tendance
6 l'attitude
7 le chant
8 le talent
9 le tube
10 la tradition
11 le style
12 militant

B Maintenant, faites une liste de dix autres mots apparentés tirés des listes de vocabulaire.
C Faites une liste de dix autres mots presque apparentés tirés des listes de vocabulaire.
D Traduisez les mots soulignés en anglais.

1 Vraiment, ce groupe est à la pointe de la musique électronique.
2 Il vient d'entrer en scène.
3 On diffuse rarement ses chansons à la radio car elle chante uniquement en anglais.
4 Ce groupe va-il connaitre un grand succès ? C'est une histoire à suivre.
5 Elle a connu un grand succès pendant la vague folk des années 70.
6 J'y suis allée uniquement pour écouter la chorale.
7 Cet artiste pose un regard pertinent sur la société.
8 Les adeptes de musique rock vont adorer ce concert !

E Connaissez-vous d'autres mots apparentés ou d'autres faux amis ? Faites-en une liste.

Useful website

You can find other useful vocabulary on the topic of *La musique* on the following website:

http://lemonde.fr/musiques

5 Les médias

le livre	book
le journal quotidien	daily newspaper
la revue/le magazine hebdomadaire	weekly magazine
mensuel(le)	monthly
la presse régionale	regional press
le/la journaliste	journalist
le/la reporter	reporter
l'illustré (m)	(illustrated) magazine
la bande dessinée	comic strip
le/la lecteur (-trice)	reader
numérique	digital
le site Web	website
les réseaux (m) sociaux	social networks

La liberté d'expression
Freedom of speech

agresser	to be aggressive towards someone
le blasphème	blasphemy
bouleverser	to move deeply; to shatter
condamner	to condemn
contrarier	to annoy
provoquer	to provoke
les croyances (f)	beliefs
les croyants (m)	believers
moral(e)	moral
défendre	to ban
dégouté(e)	disgusted
la grossièreté	vulgarity
harceler	to harass
irrespectueux (-euse)	disrespectful
irresponsable	irresponsible
menaçant(e)	threatening
menacer	to threaten
poursuivre	to prosecute, to sue
venger	to avenge
l'abus (m) de la liberté d'information	abuse of freedom of information
l'invasion (f) de la vie privée	invasion of private life
le piratage	hacking
troller	to troll

garder l'anonymat	to remain anonymous
supprimer un post	to delete a post
les limites (*f*)	limits
polémique	controversial
se méfier de	to mistrust

la régulation de la presse	regulation of the press
surveiller le contenu des réseaux sociaux	to monitor the content on social media
les restrictions (*f*)	restrictions
restreindre	to restrict
la répression	repression
la tyrannie	tyranny
la censure	censorship
saper l'indépendance (*f*)	to sap independence
le climat d'intimidation	climate of intimidation
les tentatives (*f*) d'intimidation	attempts at intimidation
emprisonner	to imprison
les conséquences (*f*)	consequences

les droits (*m*) humains	human rights
la démocratie	democracy
un droit démocratique fondamental	democratic fundamental right
la Déclaration universelle des droits de l'homme (DUDH)	Universal Declaration of Human Rights
sauvegarder la libre parole	to protect free speech
la liberté d'information	freedom of information
le droit de s'exprimer	right to express oneself
le droit à l'information	right to information
le journalisme d'investigation	investigative journalism
les menaces (*f*) sur la vie	death threats
l'attentat (*m*)	attack, bombing
assassiner	to kill, to assassinate
l'enlèvement (*m*)	kidnapping
venger	to avenge
l'anonymat (*m*) des personnes	anonymity of people
la couverture médiatique	media coverage
diffuser	to broadcast
publier	to publish
rapporter ce qui est dit	to report what is said
tenir au courant	to keep informed

entrer dans le vif du sujet	to get to the heart of the matter
révéler	to disclose
la vérité	truth
dénoncer la corruption	to expose corruption
se prémunir d'une culture de la malhonnêteté	to guard against a culture of dishonesty
l'intérêt (m) général	public interest
le principe	principle
divertir	to entertain
le divertissement	entertainment
la valeur éducative	educational value
le pouvoir	power

les gros titres les manchettes (f)	headlines
les titres racoleurs	sensationalist headlines
à la une	on the front page
l'exclusivité (f)	scoop
l'article (m) de tête	leading article
le reportage	report, reporting
caricaturer	to caricature, to satirise
l'article provocateur	provocative article
l'article de caractère diffamatoire	libellous article
le/la critique	critic
la critique	criticism
le compte-rendu	review, account

La presse écrite et en ligne

Printed and online press

le papier	paper
imprimé(e)	printed
l'impression (f)	printing
l'édition (f) imprimée classique	classic printed press
la maison d'édition	publisher
le mot écrit	written word
le format tabloïd	tabloid format
le quotidien grand format	daily broadsheet
le kiosque à journaux	newsstand, newspaper kiosk
en kiosque	on newsstands
la presse gratuite	free newspapers
le/la rédacteur (-trice) en chef	editor
l'équipe (f) de rédaction	editorial team

la librairie	bookshop
l'œuvre (f) de fiction	work of fiction
le roman	novel
se perdre dans un roman	to lose oneself in a novel
la lecture littéraire	literary reading

en déclin	in decline
connaitre un recul	to experience a decline
en danger	in danger
en voie de disparition	on the road to extinction
tout n'est pas rose	all is not rosy
le cout d'impression	printing costs
perdre les annonceurs	to lose advertisers
la chute des recettes publicitaires	fall in advertising takings
connaitre une chute inexorable des ventes	to experience a relentless fall in sales
reléguer au musée	to relegate to the museum
évoluer	to evolve
se réinventer	to reinvent oneself
se moderniser	to modernise
comment rester rentable	how to stay profitable
l'appauvrissement (m) des contenus	impoverishment of content

la technologie numérique	digital technology
accéder à des livres et à des journaux en ligne	to access online books and newspapers
la lecture en ligne	reading online
les livres audio	audio books
faciliter l'accès à l'information	to facilitate access to information
attirer	to attract
concurrencer avec } rivaliser avec	to compete with
prendre la relève pour nous informer	to take over informing us
le lectorat	readership
toucher } atteindre	to reach
la portée	reach, scope
à la portée d'un nombre croissant de gens	within reach of an increasing number of people
l'immédiateté (f)	immediacy
les informations (f)	news, information
les informations en continu	rolling news

le pop-up	pop-up message
s'informer	to inform oneself, to get information
la fake news les fausses informations ⎫	fake news
de nouvelles possibilités	new possibilities
prospérer	to prosper
répandu(e)	widespread
entrainer certains avantages	to bring certain advantages
les plateformes (f) interactives	interactive platforms

le modèle économique	economic model
faire payer l'accès (m) aux sites Internet des journaux	to charge to access newspaper websites
s'abonner	to subscribe
la presse en ligne payante	online press you have to pay for
le modèle gratuit financé par la publicité	free model financed by advertising
surpasser les médias traditionnels	to surpass traditional media

l'écran (m)	screen
l'internaute (m/f)	Web user
surfer sur Internet	to surf the Internet
surfer d'un site à un autre	to surf from one site to another
consulter un blog	to look at a blog
chercher des informations	to look for information
faire des recherches	to do research
une tablette	tablet
une touche	button, key
envoyer des SMS/textos	to send text messages
les habitants d'un monde numérique	inhabitants of a digital world

L'impact sur la société et la politique *Impact on society and politics*

le média de masse	mass media
l'exposition (f) à...	exposure to...
la mainmise de la télé sur...	television's hold on...
la valeur éducative	educational value
développer l'habileté d'apprentissage	to develop learning skills
aiguiser la curiosité	to sharpen curiosity
développer le sens critique	to develop one's critical faculties
aider à mieux connaitre d'autres cultures	to help find out about other cultures
ouvrir des horizons	to open up new horizons
traiter de sujets controversés	to deal with controversial topics

l'adepte (*m/f*)	follower
faciliter la vie	to make life easier

le phénomène social	social phenomenon
la lecture d'évasion	escapist reading
la rupture avec le quotidien	break from daily life
les bavardages (*m*)	gossip
être friand(e) d'informations	to be hungry for information
la vie privée des personnalités	private lives of personalities
le commentaire	comment
les conseils (*m*)	advice
la disposition	disposal
indispensable	essential

à quel prix ?	at what price?
accro	addicted
le côté malsain	the unhealthy side
on risque de se laisser dicter ses opinions	we risk having our opinions decided for us
le matraquage (médiatique)	echo chamber
fixer les modes de pensée	fix other people's ways of thinking
déterminer les idées, les habitudes et les coutumes	to determine ideas, habits and customs
imposer l'ordre du jour	to set the agenda
la victime d'harcèlement	victim of bullying
détruire la réputation de quelqu'un	to destroy someone's reputation
manipuler	to manipulate
dicter les modes de vie	to dictate lifestyle
c'est abrutissant	it dulls people's wits
établir ce qui est juste et ce qui est mal	to establish what is good and what is bad
le lavage de cerveau (*m*)	brainwashing
agir sur le subconscient	to act on the subconscious
envoyer un message sans y réfléchir	to send a message without thinking
il faut relativiser ce qu'on découvre	it is necessary to relativise what we learn

encourager la passivité	to encourage passivity
encourager un mode de vie sédentaire	to encourage a sedentary lifestyle
souffrir d'obésité	to suffer from obesity
la dépression	depression
habiter un monde virtuel	to live in a virtual world

devenir tous habitants d'un village global virtuel	all to become inhabitants of a virtual global village
les soirées passées seul(e) devant un écran	evenings spent alone in front of a screen
détruire l'art (m) de la conversation	to destroy the art of conversation
l'influence (f) des contenus violents	influence of scenes of violence
la désensibilisation	desensitisation
l'augmentation (f) des comportements agressifs	increase in aggressive behaviour

- -

Twitter	Twitter
l'outil (m) de communication (f)	communication tool
le rôle	role
toucher un public plus large	to reach a wider public
parler directement aux citoyens	to speak directly to citizens
la propagande (électorale)	(election) propaganda
rendre plus accessibles les hommes et les femmes politiques	to make politicians more accessible
pouvoir répondre instantanément aux propos des candidats	to be able to respond instantly to candidates' remarks
offrir aux internautes la possibilité d'exprimer leur opinion	to give Internet users the opportunity to express their opinion
être séduit(e) par le caractère non officiel de l'intermédiaire	to be seduced by the informality of the medium
tout réduire à une petite phrase-choc	to reduce everything to a soundbite
trop simplifier un problème	to oversimplify an issue
la bévue ⎤ la gaffe ⎦	gaffe
commettre un impair	to make a gaffe
les débats télévisés	televised debates
s'adresser directement au grand public	to address the general public directly
le moment de convivialité politique	moment of political togetherness
évoquer les sujets qui comptent	to mention/bring up the issues that count
l'indifférence (f) aux journalistes	indifference to journalists
Ces débats permettent-ils vraiment aux candidats de convaincre des électeurs ?	Do these debates really allow candidates to convince voters?
fédérer les convaincus	to unite those already convinced
renforcer les candidats qui sont en tête de course	to give a hand to front runners
le pluralisme n'est pas respecté	pluralism isn't respected

Strategy

Certain prefixes, such as *a-*, *dé-*, *dés-*, *dis-*, *in-*, *im-*, *il-*, *ir-*, *mal-*, *mé* and *més-*, form antonyms when added to the beginning of words, e.g. *espoir* = hope, *désespoir* = despair. This can help you to work out the meaning of unknown words.

A Formez les antonymes des mots suivants en vous servant des préfixes ci-dessus.
   1 dépendance
   2 sensibilisation
   3 paraitre
   4 dispensable
   5 avantage
   6 responsable
   7 couvrir
   8 surpassé(e)
   9 s'abonner
   10 moral
   11 respectueux (-euse)
   12 honnête

B Formez les antonymes de six mots tirés des listes de vocabulaire pour faire des mots qui ont la même signification que les mots et expressions suivants. Servez-vous des préfixes ci-dessus.
   Exemple : 1 se fier à → se méfier de (= être soupçonneux de)
   1 être soupçonneux de
   2 l'incapacité
   3 perdre de son importance
   4 hors de portée
   5 arrêter un abonnement
   6 contraire aux règles

C Connaissez-vous d'autres mots qui commencent avec les préfixes ci-dessus ? Faites-en une liste. Ensuite, traduisez-les en anglais.

Useful websites

You can find other useful vocabulary on the topic of *Les médias* on the following websites:

www.lesechos.fr/tech-medias/index.php

www.lexpress.fr/actualite/medias

6 Les festivals et les traditions

croire à/en	to believe in
le/la croyant(e)	believer
la fête	celebration/party
faire la fête	to have a party
fêter ⎫	
célébrer ⎭	to celebrate
la célébration ⎫	
l'évènement (m) festif ⎭	celebration
les festivités (f)	celebrations
le festival	festival
la religion	religion
la religion catholique/chrétienne	Catholic/Christian religion
musulman(e)	Muslim
juif (-ive)	Jewish
religieux (-euse)	religious
l'église (f)	church
respecter	to respect
signifier	to mean
la signification	meaning, significance
les actes symboliques	symbolic acts
symboliser	to symbolise
la pratique religieuse	religious practice
la visite	visit
la monotonie	monotony

Les festivals, fêtes, coutumes et traditions

Festivals, celebrations, customs and traditions

l'anniversaire (m)	birthday
le jour férié	bank holiday
la fête familiale/religieuse	family/religious celebration
la Fête de la musique	national music festival in France
le Festival du film	film festival
Noël	Christmas
la veille de Noël ⎫	
le réveillon de Noël ⎭	Christmas Eve
la messe de minuit	midnight mass
le Nouvel An	New Year
le jour de l'an	New Year's Day

la fête des rois	Epiphany
la galette des rois	Epiphany cake, traditionally eaten on Twelfth Night
la fève	lucky charm found in the cake
Mardi Gras (*m*)	pancake day, Shrove Tuesday
la Chandeleur	Candlemas
Pâques (*m/f*)	Easter
les œufs (*m*) de Pâques	Easter eggs
la fête du travail	bank holiday on 1 May commemorating the struggles faced by workers
la fête de la famille	day to celebrate the family
la fête des mères	Mother's day
la fête des pères	Father's day
l'Assomption (*f*)	Assumption
la Toussaint	All Saints' Day
la fête des morts	All Souls' Day
la Saint-Valentin	Valentine's Day
le fest-noz	fest-noz (a Breton festival)
le mariage	wedding
les noces	wedding, nuptials
la cérémonie	ceremony
la réception	reception
le baptême	christening
l'enterrement (*m*)	funeral
les rites (*m*) funéraires	funeral rites
la tombe	grave
Diwali (*m*)	Diwali
l'Aïd (*m*)	Eid
le ramadan	Ramadan
la Bar Mitzvah	Bar Mitzvah
Hanoucca (*f*)	Hanukkah
la fête nationale ⎫ le 14 juillet ⎭	Bastille Day
le premier avril	April Fools' Day
le poisson d'avril	April Fool
le carnaval	carnival
les réunions (*f*) familiales	family reunions
les réjouissances (*f*)	celebrations, festivities

....

le père Noël	Father Christmas
le sapin	Christmas tree

la boule de Noël	bauble
décorer	to decorate
la buche de Noël	Christmas log
la Saint-Nicolas	St Nicholas celebration
distribuer des friandises aux enfants sages	to give sweets to good children
le traineau	sleigh
les rennes (*m*)	reindeer
le grelot	sleighbell
le repas de Noël	Christmas dinner
partager un repas	to share a meal
la dinde	turkey
les huitres	oysters
le gâteau	cake
le calendrier de l'Avent	Advent calendar
la Nativité	the Nativity
la crèche	nativity scene
les santons (*m*)	ornamental figures in Christmas nativity scenes
les treize desserts	in Provence, end of the Chirstmas Eve dinner, with 13 desserts
le marché de Noël	Christmas market
offrir les cadeaux	to give presents
une ambiance conviviale/familiale	friendly/family atmosphere

consommer	to consume
le/la consommateur (-trice)	consumer
la dérive commerciale	commercialism
la société de consommation	consumer society
le mercantilisme	mercenary attitude
l'affaiblissement (*m*) de l'esprit de solidarité	weakening of a spirit of solidarity
perdre la valeur religieuse	to lose the religious value
retourner aux origines de…	to return to the origins of…
les cadeaux (*m*) de plus en plus chers	increasingly expensive presents
certaines traditions se perdent	some traditions are getting lost
Certaines fêtes vont-elles disparaitre ?	Are some celebrations going to disappear?
le risque de disparition	risk of something disappearing
la société plus individualiste	more individualistic society

Les festivals, fêtes, coutumes et traditions

le défilé	march, procession
annuel(le)	annual
le char	float
la parade	parade
le spectacle de rue	street show
le jonglage ⎫ la jongle(rie) ⎭	juggling
se déguiser	to dress up
les feux (m) d'artifices	fireworks
le grand choix de divertissements	large choice of activities
la fête foraine	fairground, funfair
l'étal (m)	stall
commémorer	to commemorate
mettre à l'honneur	to celebrate (someone)
respecter l'esprit religieux	to respect the religious nature
jeuner	to fast
les préparatifs (m)	preparations
se rassembler ⎫ se réunir ⎭	to get together
se retrouver	to meet (up)
les gens viennent de près comme de loin	people come from near and far
chanter	to sing
danser	to dance
s'amuser	to have a nice time, to have fun
les décorations (f)	decorations
ostentatoire	ostentatious

. . . .

la culture	culture
la culture ancestrale	ancestral culture
les traditions culturelles	cultural traditions
les traditionalistes	traditionalists
la survie des cultures locales	survival of local cultures
préserver la culture	to preserve culture
la diversité culturelle	cultural diversity
le folklore	tradition
folklorique	traditional
le patrimoine	heritage
sauvegarder	to protect
les valeurs (f)	values
transmettre	to pass on

marquer	to mark
de génération en génération	from generation to generation
l'expression (f) orale	oral expression
raconter des histoires	to tell stories
le conte	story, tale
ancré(e)	rooted
enraciné(e)	engrained
appartenir	to belong
le sentiment d'identité	sense of identity
de continuité	continuity
souder la famille	to bring together the family
tisser les liens	forge links
sensibiliser	to increase someone's awareness
la sensibilisation	awareness
le savoir-faire	skill
la connaissance	knowledge

· ·

l'authenticité (f)	authenticity
véritable	real
convenable	appropriate
les stéréotypes (m)	stereotypes
les clichés (m)	clichés
touristique	popular with tourists
promouvoir la localité	to promote the local area
les manifestations traditionnelles/ artistiques/sportives	traditional/artistic/sports events
un vecteur du patrimoine	a vehicle for passing on our heritage
réputé(e)	celebrated, famous, renowned
représentif (-ive) d'un peuple	representative of a people
réducteur	reductive
les produits (m) artisanaux	handcrafted products
l'artisanat (m) traditionnel	traditional crafts
le collier de fleurs	garland
exister depuis la nuit des temps	to exist since time immemorial
la légende	legend

· ·

un usage culturel	cultural habit
les us et coutumes	habits and customs
la pratique	practice
les pratiques sociales	social customs
les bonnes manières (f)	good manners

la politesse	politeness, manners
courtois(e)	courteous
l'étiquette (f)	etiquette
saluer	to greet
les salutations (f)	greetings
le rite ⎱ le rituel ⎰	ritual
accueillir	to welcome
l'accueil (m)	welcome, reception
l'hospitalité (f)	hospitality, welcome
la bise	kiss on the cheek (greeting in France)
faire la bise	to give a kiss on the cheek
un bisou	kiss
embrasser	to kiss
donner une poignée de main ⎱ serrer la main ⎰	to give a handshake
tutoyer	to use *tu*
le tutoiement	use of *tu*
vouvoyer	to use *vous*
le vouvoiement	use of *vous*
la position sociale	social position
le statut social	social status
prétentieux (-ieuse)	pretentious
le pourboire	tip
faire la queue	to queue
arriver à l'heure	to arrive on time
dire « s'il vous plait » et « merci »	to say 'please' and 'thank you'
le bizutage	fresher initiation
un rituel d'initiation	initiation ritual

....

la gastronomie	gastronomy, cuisine
l'apéro (l'apéritif) (m)	aperitif, pre-dinner drink and nibbles
l'entrée (f)	starter
l'amuse-bouche (m)	appetiser
le plat principal	main dish
la nappe	tablecloth
la serviette	napkin, serviette
le convive	guest
le vin	wine
le plateau de fromages	cheese platter

le dessert	dessert
partagé(e)	shared
prendre son temps	to take one's time
le plaisir d'être à table	pleasure of being at the table

---

la musique (traditionnelle)	(traditional) music
la scène	stage
écouter des musiques différentes	to listen to different types of music
la danse (traditionnelle)	(traditional) dance
le cinéma français	French cinema
la chanson française	French song
le vaudeville	vaudeville (music-hall entertainment)

For more vocabulary related to music, see Unit 4 *La musique*.

Strategy

In order to extend your vocabulary and to avoid repeating yourself, it is important to think of other ways of expressing an idea using synonyms or paraphrases. This is useful in speaking and writing in order to add variety to your French, and in reading and listening in order to increase your understanding of a text or spoken passage.

A Dans les listes de vocabulaire ci-dessus, trouvez un synonyme pour chacun des mots suivants :

1 se distraire
2 spirituel(le)
3 tenir en estime
4 l'alliance
5 se rejoindre
6 consommer
7 incarner
8 fixé(e) dans l'esprit
9 vrai
10 communiquer
11 approprié(e)
12 recevoir

B Remplacez chacune des expressions suivantes par un mot tiré des listes de vocabulaire qui veut dire la même chose.

1 parler à quelqu'un en vous servant de « tu »
2 une idée ou une expression trop souvent utilisée
3 un arbre qu'on décore pour Noël
4 une personne qui utilise ou achète des marchandises
5 qui attire les touristes
6 un objet qu'on offre à quelqu'un

C À l'aide d'un dictionnaire, écrivez une définition pour chacun des mots suivants :

1 l'usage
2 reputé(e)
3 vouvoyer
4 jeuner
5 le char
6 la Saint-Valentin

Useful websites

You can find other useful vocabulary on the topic of *Les festivals et les traditions* on the following websites:

www.lemonde.fr/culture

http://francefestivals.com/fr/

www.franceda.com/fr/us-et-coutumes

l'auteur(e)	author
le romancier/la romancière	novelist
la nouvelle	short story
le roman	novel
le récit/le conte	story
l'ouvrage (m)	work
le/la dramaturge	playwright
la pièce de théâtre	play
le poète	poet
le poème	poem
la poésie	poetry
le recueil	collection (of poems/stories)
la maison de production	production company
le producteur/la productrice	producer
le réalisateur/la réalisatrice	director
le cinéaste	director
le spécialiste du genre	specialist in this type of film
la mise en scène	direction, staging
le plateau	set
le/la scénariste	scriptwriter
le scénario	screenplay

B1 L'intrigue

The plot

l'intrigue (f) se déroule…	the plot unfolds…
s'inspirer de…	to get an idea/inspiration from…
le sujet de prédilection	favourite subject
l'idée (f) de départ	initial idea
traiter de	to deal with
il s'agit de…	it's about…
le récit autobiographique	account of the author's own life
le déroulement d'une vie	way a life unfolds
les souvenirs d'enfance	childhood memories
la maladie	illness
l'agonie (f) et la mort	the approach of death and death itself
raconter (en détail)	to recount (in detail)
le récit historique	historical narrative

l'histoire (f) de guerre	war story
l'histoire d'amour	love story
l'histoire d'aventures	adventure story
l'enquête policière	criminal investigation
la science-fiction	science fiction
le drame mondain	social drama
représenter	to portray
signifier	to mean
la signification	meaning; importance
le protagoniste	protagonist
jouer un rôle majeur	to play a major part
jouer un rôle décisif	to play decisive part
le développement	development
faire avancer l'histoire	to move the story on
tout au long du film/roman	right through the film/novel
la série de quiproquos	series of misunderstandings
le rebondissement de l'intrigue	twist in the plot
le dénouement	outcome

B2 La qualité   *Quality*

analyser	to analyse
éclaircir	to explain, to clarify
l'éclaircissement (m)	explanation, clarification
dégager	to bring out
l'idée maitresse	the main idea
la morale	the moral
évaluer	to evaluate
porter un jugement sur…	to make a judgement on…
le chef-d'œuvre	masterpiece
remporter un grand succès	to be a big hit
être parmi les meilleures ventes	to be a best-seller
gagner des prix	to win awards
une œuvre de génie	a work of genius
une œuvre parfaite en son genre	a model of its kind
une œuvre d'une grande portée	a highly significant work
faire une forte impression	to make a strong impression
capturer l'ambiance de l'époque	to capture the feel of the period
impressionnant(e)	impressive
passionnant(e)	thrilling
effrayant(e)	frightening

fascinant(e)	fascinating
hilarant(e)	hilarious
plein(e) d'esprit	full of wit
émouvant(e)	moving
déroutant(e)	disturbing
l'histoire	the story
vous tient en haleine	grips you
suscite la réflexion	is thought-provoking
est bien ficelée	is well put together
déborde d'humour	overflows with humour
est triste à pleurer	moves you to tears
ennuyeux (-euse) (à mourir)	(deadly) boring
décevant(e)	disappointing
trop compliqué(e)	too complicated
difficile à suivre	difficult to follow
atroce	atrocious
prétentieux (-euse)	pretentious
répétitif (-ive)	repetitive
débile	feeble, stupid
fade	insipid
un navet	worthless work
le verbiage	verbosity
les lieux communs	clichés
la niaiserie	silliness
le manque de clarté	lack of clarity
susciter	to provoke
le rire	laughter
la peur	fear
l'horreur (f)	horror
l'angoisse (f)	anguish
l'admiration (f)	admiration
la pitié	pity
l'indignation (f)	indignation
le scandale	scandal
la colère	anger

B3 Le contexte — *Context*

refléter	to reflect
évoquer	to evoke
l'évènement (m) historique	historic event

un moment dans le passé	a time in the past
une œuvre de circonstance	a work prompted by specific events
un certain milieu social	a certain social environment
la vie quotidienne	daily life
le cadre	setting
exotique	exotic
luxueux (-euse)	luxurious
élégant(e)	elegant
urbain(e)	urban
rural(e)	rural
sauvage	wild
sordide	sordid
être lié(e) à un endroit particulier	to be linked to a particular place
la ville animée	lively town
la ville provinciale (endormie)	(sleepy) provincial town
la banlieue	suburb
la cité de banlieue	suburban estate of blocks of cheap flats
les bas quartiers	slums
le bidonville	shanty town
le taudis	hovel
le village isolé	isolated village
le coin perdu	remote spot
le port de pêche	fishing port
l'ile (f)	island
en mer	at sea
en montagne	in the mountains

le milieu	world of
aristocratique	the aristocracy
mondain	the upper classes
aisé	the comfortably off
bourgeois	the middle classes
petit-bourgeois	the lower middle classes
politique	politicians
ecclésiastique	the Church
policier	the police
juridique	lawyers
commercial	traders
industriel	factory workers
ouvrier	the working classes
campagnard	country folk

militaire	the military
maritime	the seafaring community
scolaire	school
pénitentiaire	prison

l'ambiance du cadre est :	the atmosphere of the setting is:
agréable	pleasant
chaleureuse	warm
décontractée	relaxed
sombre	dark
mélancolique	melancholy
lourde	heavy
étouffante	stifling
tendue	tense
menaçante	threatening
angoissante	harrowing
malsaine	unhealthy
violente	violent

B4 Les thèmes — *Themes*

développer un thème	to develop a theme
la saga familiale	family saga
un thème controversé	a controversial theme
le bien et le mal	good and evil
l'idéal (*m*) inaccessible	unattainable ideal
l'absurdité (*f*) de la vie	absurdity of life
la vacuité (*f*) de la vie	emptiness of life
être manipulé(e) par le destin	to be buffetted by fate
la recherche de la vérité	search for truth
le conflit entre pragmatisme et idéalisme	conflict between pragmatism and idealism
la lutte entre les classes sociales	class struggle
l'engagement (*m*) politique	political commitment
la solidarité	solidarity
la fin justifie-t-elle les moyens ?	does the end justify the means ?
le compromis	compromise

l'évènement (*m*) historique	historic event
la guerre franco-prussienne	Franco-Prussian War

la Première Guerre mondiale	First World war
la Seconde Guerre mondiale	Second World War
l'Occupation (f)	the Occupation (of some of the French territory by the Germans during WWII)
l'antisémitisme (m)	antisemitism
la collaboration	collaboration (with the enemy)
les effets de la guerre	effects of war
la tentative de fuite	attempt to escape
la trahison	betrayal
la déportation	deportation
l'extermination (f)	extermination
la crise politique	political crisis

la critique sociale	critique of society
le mode de vie	way of life
les mœurs bourgeoises	middle-class way of life
la culture urbaine	urban culture
le rôle de la femme	the role of women
l'émancipation féminine	female emancipation
l'exclusion sociale	social exclusion
la déchirure sociale	rift in society
la pauvreté	poverty
la fracture sociale le fossé entre les riches et les pauvres	gap between rich and poor
la révolte contre l'injustice	revolt against injustice
les stéréotypes nationaux	national stereotypes
l'identité culturelle	cultural identity
l'aliénation (f)	alienation
l'attitude (f) envers les minorités	attitude towards minorities
le racisme	racism
la xénophobie	xenophobia (hatred of foreigners)
le préjugé	prejudice
le manque de respect	lack of respect
la jeunesse désabusée des cités	disillusioned youths from the suburban estates
la délinquance	delinquency
les comportements anti-sociaux	antisocial types of behaviour
la criminalité des rues	street crime
les rapports avec les forces de l'ordre	relations with the forces of law and order
le système judiciaire	the legal system

la vie carcérale	life in prison
la brutalité de la police	police brutality

l'évolution (f) psychologique	psychological development
l'enfance (f)	childhood
la naïveté	innocence
l'adolescence (f)	adolescence
se heurter à	to come up against
la perte de l'enfance	loss of childhood
le passage de l'enfance à l'adolescence	transition from childhood to adolescence
l'affrontement (m) de l'âge adulte	confrontation with adulthood
la quête de l'identité	search for one's identity
la frustration	frustration
la vulnérabilité	vulnerability
la précarité	instability
la vitalité dans l'adversité	being proactive in adversity
trouver ses repères	to find one's points of reference
le moyen d'évasion	means of escape
élargir son horizon	to broaden one's horizons

les rapports humains	relationships
l'amitié (f)	friendship
se lier d'amitié avec	to establish a friendship with
l'amour naissant	first feelings of love
le coup de foudre	love at first sight
être (follement) amoureux (-euse) de	to be (madly) in love with
l'histoire (f) d'amour	love story
le triangle amoureux	love triangle
tromper	to deceive, to be unfaithful to
la déception amoureuse	disappointment in love
l'amour (m) illicite	illicit love
la jalousie	jealousy
la rivalité entre...et...	rivalry between...and...
la haine	hatred
la désillusion	disillusionment
le refroidissement	cooling of relations
la vengeance	revenge
le règlement de comptes	settling of scores
la culpabilité	sense of guilt

le remords	remorse
le rapprochement	reconciliation

l'héroïsme (guerrier)	heroism (in war)
le courage	courage
le sacrifice personnel	personal sacrifice
la cruauté	cruelty
l'égoïsme (*m*)	selfishness
l'escroquerie (*f*)	fraud
l'hypocrisie (*f*)	hypocrisy
indifférence (*f*)	indifference
la lâcheté	cowardice
le manque d'imagination	lack of imagination
l'orgueil (*m*)	arrogance
la suffisance	complacency

B5 Les personnages — *Characters*

le personnage principal	main character
le personnage secondaire	secondary character
l'évolution (*f*) du personnage	development of the character
s'identifier avec…	to relate to…
le caractère	personality
le comportement	behaviour
avoir une attitude positive/négative envers…	to have a positive/negative attitude towards…
faire preuve de…	to show… (a quality, attitude)
une volonté indémontable	an indestructible willpower
agir de bonne foi	to act in good faith
le scélérat	scoundrel
le héros hors la loi	outlaw hero
la victime	victim

ambigu/ambigüe	ambiguous
attachant(e)	engaging
audacieux (-euse)	daring
aventureux (-euse)	adventurous
bienveillant(e)	kindly
charismatique	charismatic
combatif (-ive)	combative
conformiste	conformist

courageux (-euse)	brave
débrouillard(e)	resourceful, able to cope
dévoué(e)	devoted
drôle	funny
dynamique	dynamic
énergique	energetic
engagé(e)	committed
entreprenant(e)	enterprising
fidèle	faithful
habile	skillful
inoubliable	unforgettable
malin (-igne)	clever
obstiné(e)	obstinate
original(e)	eccentric
pondéré(e)	reflective
pragmatique	pragmatic
résolu(e)	determined
rigolo (-ote)	amusing
rusé(e)	cunning
séduisant(e)	seductive
talentueux (-euse)	talented
tenace	tenacious

arriviste	ruthlessly ambitious
autoritaire	authoritarian
avare	miserly
bagarreur (-euse)	inclined to pick a fight
borné(e)	narrow-minded
capricieux (-euse)	temperamental
coléreux (-euse)	bad-tempered
complexé(e) par...	hung up about
égocentrique	egocentric
grossier (-ière)	vulgar
hypocrite	hypocritical
immature	immature
imprévisible	unpredictable
imprudent(e)	unwise
inculte	uneducated
indécis(e)	indecisive
influençable	easily influenced
irresponsable	irresponsible

malhonnête	dishonest
maniaque	obsessive
manipulateur (-euse)	manipulative
méchant(e)	nasty
mesquin(e)	small-minded
orgueilleux (-euse)	arrogant
prétentieux (-euse)	prententious
ringard(e)	old-fashioned
sournois(e)	sly
vaniteux (-euse)	vain

B6 Les techniques — *Techniques*

utiliser	to use
avoir recours à	to have recourse to
exploiter	to exploit
évoquer	to evoke
peindre d'après nature	to depict life as it is
faire ressentir une atmosphère	to make people feel the mood
satiriser	to satirise
représenter l'âpre vérité	to depict the harsh truth
dépayser le lecteur/le spectateur	to take the reader/spectator into another world
la couleur locale	local colour
l'aspect (*m*) symbolique d'un lieu	symbolic aspect of a place
idéaliser	to idealise
imaginaire	imaginary
(ir)réel	(un)real
la puissance d'imagination	imaginative power
l'état initial	state of affairs at the outset
l'ordre (*m*) chronologique	chronological order
le retour en arrière	flashback
créer du suspense	to create suspense
l'évènement modificateur	event which changes the course of (sth)
le rebondissemnt	twist in the plot
le coup de théâtre	dramatic turn of events
le rebondissement (heureux)	(happy) turn of events
le dénouement (imprévu)	(unexpected) outcome

le narrateur-personnage	first-person narrator
le narrater qui raconte à la troisième personne	third-person narrator
le narrater invisible	invisible narrator
l'obervation (f)	observation
la précision	precision
la descripion détaillée/vive	detailed/vivid description
le langage employé	use of language
la métaphore	metaphor
la comparaison l'analogie (f)	simile
créer des personnages attachants	to create engaging characters
le portrait saisissant	striking character depiction
les qualités physiques	physical attributes
les qualités morales	moral attributes
les gestes significatifs	meaningful gestures
les costumes (m)	costumes
l'expression (f) du visage	facial expression
la façon de parler	way of speaking
le récit saisissant	striking narrative
le foisonnement d'idées	wealth of ideas
le style net/clair	clear style
le style imagé	style full of imagery
l'ironie mordante	biting irony

- - -

tourner un film	to shoot a film
les techniques visuelles	visual techniques
le noir et blanc	black and white
la séquence d'ouverture	opening sequence
la prise de vue	take
le plan	shot
le plan d'ensemble	long shot
le plan fixe	static shot
le grand angle	wide angle
le gros plan (de visage)	(facial) close-up
zoomer	to zoom in
l'effet (m) de panoramique	panning effect
le cadrage	framing
survoler	to fly over
la vue de dessus	bird's eye view

Les techniques

la contre-plongée	view from below
la caméra à la main	hand-held camera
le travelling	tracking
en extérieur	on location
l'ambiance (f) du lieu de tournage	atmosphere of the location
l'effet (m)	effect
du climat	of the climate
des conditions météorologiques	of the weather
l'éclairage (m)	lighting
le langage	way of speaking
le verlan	words put back to front
le dialogue spontané	spontaneous dialogue
le dialogue improvisé	improvised dialogue
le ton	tone
la bande sonore	soundtrack
le bruitage	sound effect
le mixage	sound mixing
la voix off	voiceover
l'effet (m) du silence	effect of silence
l'emploi (m) de musique	use of music
la musique renforce la situation	music accentuates the situation
le truquage	special effect
le montage	editing
les effets de montage audacieux	bold effects of editing

Strategy

In many cases, the links between related verbs, adjectives and nouns are straightforward, e.g. *imaginer, l'imagination, imaginaire*. The lists in this section have a number of less obvious ones which need to be noted.

A Trouvez dans les listes ci-dessus les substantifs qui correspondent aux verbes suivants :

1 mettre (en scène)
2 se dérouler
3 signifier
4 manquer
5 rechercher
6 tenter
7 trahir
8 déchirer
9 perdre
10 repérer
11 décevoir
12 prouver
13 retourner
14 employer

B Trouver dans les mêmes listes les adjectifs qui correspondent aux substantifs suivants :

1 le luxe
2 le monde
3 la police
4 la mer
5 l'école
6 l'audace
7 le talent
8 l'avarice
9 la colère
10 la vanité

Useful website

You can find other useful vocabulary on *Cinéma et littérature* on the following website:

https://fr.wikipedia.org/wiki/cinéma

L'immigration et la société multiculturelle française

7 L'impact positif de l'immigration sur la société française

les mouvements migratoires	shifts of population
le/la ressortissant(e)	expatriate
être originaire de…	to come from…
le pays d'origine	country of origin
d'adoption	adoption
le territoire d'outre-mer	overseas territory
le demandeur d'asile	asylum seeker
le réfugié	refugee
chercher un meilleur niveau de vie	to seek a better standard of living
fuir la misère	to flee poverty
la persécution	persecution
avoir des attaches familiales	to have family ties
se regrouper	to get back together
le regroupement familial	reuniting a family
la terre d'accueil	host country
être admis au titre de :	to be admitted as:
travailleur (-euse) immigré(e)	an immigrant worker
réfugié(e) politique	political refugee
l'élargissement (m) de l'Union européenne	expansion of the European Union
la liberté de circuler	freedom to move around
d'installation	to settle
la minorité ethnique	ethnic minority
l'Arabe	Arab
l'Africain(e)	African
le/la Subsaharien(ne)	Subsaharan African
le/la Maghrébin(e)	North African
le/la Chinois(e)	Chinese
le/la chrétien(nne)	Christian
le/la musulman(e)	Muslim
le/la juif (-ive)	Jew
le mariage mixte	mixed marriage

le métissage	interracial unions
le multiculturalisme	multiculturalism
le brassage des genres	the intermixing of kinds of people
cultures	cultures
modes de vie	ways of life

Les contributions des immigrés à l'économie et à la culture

Contributions by immigrants to the economy and culture

les bénéfices surpassent les inconvénients	the benefits outweigh the difficulties
avoir des retombées positives	to have positive consequences
offrir une mine de possibilités	to offer a wealth of opportunities
l'enrichissement culturel	cultural enrichment
apporter une variété de perspectives	to bring a variety of perspectives
points de vue	points of view
connaissances	knowledge
compétences	skills
le partage des valeurs	sharing of values
savoirs	areas of knowledge
savoir-faire	know-how
contribuer au dynamisme culturel	to contribute to cultural dynamism
à l'activité économique	economic activity
au marché du travail	the labour market
la solution au vieillissement de la population	solution to the ageing of the population
manque de main-d'œuvre	shortage of workers
rajeunir la population	to reduce the average age of the population

. . . .

des spécialistes hautement qualifiés	highly qualified specialists
répondre au besoin d'ouvriers dans :	to answer the need for workers in:
la construction	building
l'agriculture (*f*)	agriculture
les travaux manuels	manual jobs
l'entretien (*m*)	maintenance
la sécurité	security
les hôpitaux	hospitals
le gardiennage	caring services
l'hôtellerie (*f*)	hotel business
la restauration	restaurants

la création de petites entreprises	creation of small businesses
le commerce d'alimentation	food shops

les immigrés sont de futurs	immigrants are future
travailleurs	workers
consommateurs	consumers
contribuables	tax payers
contribuer à	to contribute to
la croissance économique	economic growth
l'emploi	employment
un atout capital pour les entreprises	major asset to businesses
un stimulant puissant et fécond	powerful and productive stimulus
l'équipe interculturelle leur apporte :	an intercultural team brings:
un avantage stratégique	a strategic advantage
un avantage concurrentiel	a competitive advantage
elle offre de formidables opportunités pour :	it offers fantastic opportunities to:
s'ouvrir à de nouveaux horizons	open up new horizons
intensifier les échanges	reinforce communication
des rencontres	personal contacts
l'entreprise se confronte à la diversité des :	the company confronts the diversity of:
marchés	markets
clients	clients
fournisseurs	suppliers
systèmes de valeurs	systems of values
comportements	ways of behaving
une force motrice	driving force
de la créativité	of creativity
de l'innovation	of innovation
du développement	of development
un puissant levier de créativité	powerful means of levering up creativity
la diversification de la pensée	diversifying ways of thinking
tisser de nouveaux liens	to forge new links
apporter :	to bring:
de nouvelles perspectives commerciales	new commercial perspectives
la maitrise des langues étrangères	knowledge of foreign languages
la compréhension des marchés étrangers	understanding of foreign markets
améliorer la capacité d'adaptation aux changements	to improve the ability to adapt to change

la diversité religieuse	religious diversity
l'islam (*m*)	Islam
le bouddhisme	Buddhism
l'hindouisme	Hinduism
le judaïsme	Judaism
les fêtes religieuses	religious festivals
le Nouvel An chinois	Chinese New Year

....

les cuisines (*f*) exotiques	exotic types of cuisine
augmenter la diversité des offres culturelles	to increase the variety of cultural events
la diversité musicale	musical diversity
l'expansion des films provenant d'autres pays	increase in availability of foreign films
les athlètes de haut niveau	high-level athletes
des étudiants venant d'un peu partout	students from all over the place

....

encourager le développement de :	to encourage the development of:
l'ouverture d'esprit	open-mindedness
la compréhension	understanding
l'acceptation	acceptance
l'assimilation	assimilation
apprécier la spécificité culturelle	to value cultural distinctiveness
reconnaitre	to recognise
les droits universels	universal rights
la liberté fondamentale d'autrui	the basic freedom of others
les particularités d'une culture	the characteristics of a culture
respecter	to respect
les traditions (*f*)	traditions
les coutumes (*f*)	customs
la liberté de pensée	freedom of thought
conscience	conscience
croyance	belief
encourager	to encourage
l'insertion sociale	social integration
l'engagement social	social involvement
mettre fin à l'enfermement communautaire	to put a stop to enclosed communities
rechercher des solidarités nouvelles	to search for new senses of solidarity

réduire les inégalités	to reduce instances of inequality
favoriser l'égalité des chances	to promote equality of opportunity

....

le processus éducationnel	educational process
s'informer, comprendre, agir	to inform oneself, understand and act
la prise de conscience de…	becoming aware of…
l'importance du vivre ensemble	importance of being able to live together
sensibiliser les jeunes à des modes de vie différents	to make the young aware of other ways of life
encourager les enfants à se montrer	to encourage children to appear
ouverts	open
réceptifs	receptive
transmettre des valeurs comme :	to pass on values such as:
le respect	respect
le partage	sharing
l'égalité (des chances)	equality (of opportunity)
la tolérance	tolerance
la démocratie	democracy
la justice sociale	social justice
l'intérêt général	what is in the interests of all
encourager la lutte contre le racisme	to encourage the fight against racism
nourrir une ouverture à l'autre	to nourish openness to others
reconnaitre la diversité des :	to recognise the diversity of:
origines sociales	social backgrounds
pratiques linguistiques	the use of languages
cultures	cultures
expressions artistiques	forms of artistic expression
prôner le dialogue	to advocate dialogue
favoriser l'écoute et l'échange	to encourage listening and exchanging views
former des citoyens respectueux des différences	to train people to be citizens who respect differences
accepter l'altérité (f)	to accept otherness
apprendre la richesse de la différence	to learn about the richness of difference
renforcer la culture de l'échange	to reinforce the culture of exchange
apprendre à résoudre les conflits	to learn to resolve conflicts
développer	to develop
la solidarité	a sense of solidarity
un sentiment d'appartenance	a sense of belonging
un sentiment d'acceptation mutuelle	a sense of mutual acceptance

progresser dans la connaissance du monde	to further one's understanding of the world
tendre à un monde plus juste	to move towards a fairer world
assurer la survie de communautés mixtes	to ensure the survival of mixed communities
créer l'harmonie dans la différence	to create harmony within differences
évoluer vers une société interculturelle	to evolve towards an intercultural society

Strategy

It is useful, particularly in an oral discussion, to be able to express the opposite of a word or phrase. Try to think of opposites as you discuss things, and compile a list of them for future use.

A Trouvez dans la liste ci-dessus le contraire de chacun des substantifs suivants :
1 le rétrécissement
2 l'appauvrissement
3 le rajeunissement
4 l'uniformité
5 la fermeture d'esprit
6 le désaccord

B Trouvez dans la liste ci-dessus le contraire de chacune des expressions suivantes :
1 la disponibilité de main-d'œuvre
2 impuissant et stérile
3 détériorer la capacité de…
4 s'opposer au dialogue
5 un sentiment d'aliénation

Strategy

We often search for one word to express an idea that comes to us in several words. Always try to be concise by thinking of a more direct way of expressing the idea.

C Trouvez dans cette section un seul mot qui exprime les idées suivantes :
1 l'acte de se retrouver ensemble
2 l'acte de rendre plus nombreux (-eus(s))
3 l'acte de rendre moins nombreux
4 l'acte de rendre qqn plus sensible
5 l'acte de parler des bienfaits de…
6 quelqu'un qui a quitté son pays natal
7 quelqu'un qui paie des impôts

Useful website

You can find other useful vocabulary on the topic of *L'impact positif de l'immigration sur la société française* on the following website:

www.immigration.interieur.gouv.fr/

8 Répondre aux défis de l'immigration et l'intégration en France

la terre d'accueil	host country
les autochtones	natives/locals
l'installation (*f*) durable	settling for the longer term
obtenir la carte de séjour	to get a permit to stay in the country
la documentation compliquée	complicated paperwork
les procédures (*f*) difficiles	difficult procedures
la répartition (inégale) des immigrés sur le territoire	(uneven) distribution of immigrants in the country
la zone à forte densité immigrée	area with high immigrant population
la ghettoïsation	creation of ghettos
le problème de l'intégration	problem of becoming integrated
éprouver le besoin	to feel the need
de maitriser la langue	to master the language
d'établir des relations	to establish contacts
de s'insérer dans le monde du travail	to get into work
se sentir membre d'une collectivité	to feel that one belongs to a community

vouloir préserver à tout prix	to want to preserve at all costs
l'identité culturelle	cultural identity
être attaché(e) à sa culture d'origine	to be attached to the homeland culture
ses propres coutumes	one's own customs
l'importance de la langue maternelle	importance of the mother tongue
des rapports sociaux	of social relationships
pratiquer sa propre religion	to practise one's own religion
certaines règles alimentaires	certain dietary laws
certaines règles vestimentaires	certain laws about clothing
se sentir perdu	to feel lost
déraciné	uprooted
mal adapté	ill-adapted
avoir des problèmes de communication	to have problems communicating
être sans abri	to be homeless
mal logé	badly housed
mal nourri	badly nourished
sans le sou	penniless

au chômage	out of work
dépendant des subsides publics	dependent on state handouts
le logement insalubre	squalid housing conditions
des cités mal pensées	ill-conceived housing estates
le bidonville	shanty town

Les activités des communautés — *Community activities*

la politique du gouvernement	government policy
la politique de la mairie	town hall policy
la politique de gestion communautaire	policy of community management
une politique d'intégration à la mesure des	an integration policy in line with
besoins des immigrés	immigrants' needs
espoirs des immigrés	immigrants' hopes
un enjeu collectif essentiel	a vital community issue
la lutte contre l'exclusion	fight against exclusion
apporter	to bring
le soutien	support
la confiance	confidence
créer un cadre d'échange	to create a framework of communication
instaurer une relation de confiance	to instil confidence in the relationship
susciter un dialogue	to encourage dialogue
amener qqn à parler de sa situation	to get someone to talk about his/her situation
soutenir les rêves et les ambitions	to support dreams and ambitions

l'aide (*f*) aux sans-abri	help for the homeless
la permanence d'accueil	reception centre which is always open
le foyer d'urgence	hostel for immediate needs
le centre d'hébergement	hostel for the homeless
offrir un	to offer a
lieu sécurisé	safe place
climat de bienveillance	welcoming atmosphere
viser l'insertion sociale	to aim at social integration
viser l'acquisition d'autonomie	to aim at achieving independence
l'encouragement (*m*) à l'assimilation	encouragement of assimilation
le respect de la diversité	respect for diversity
sortir des stéréotypes	to get away from stereotyping
l'éveil (*m*) à la citoyenneté	waking people up to citizenship
le conseiller d'orientation	guidance counsellor

faire comprendre :	to provide an understanding of:
les lois du pays	the country's laws
les mœurs du pays	the country's customs
les mœurs locales	local customs
aider qqn à se ressourcer	to help someone to provide for themselves
libérer le potentiel de qqn	to free up someone's potential
faciliter l'égalité des chances	to provide greater equality of opportunity
enseigner la langue	to teach the language
donner accès	to give access to
à l'éducation	education
au logement	housing
au travail	work
aux droits de chacun	individuals' rights
aux soins médicaux	medical care
favoriser la convergence culturelle	to promote cultural convergence
créer des liens sociaux	to create social links
générer des ponts entre...	to build bridges between...
le métissage des réseaux sociaux	intermixing of social networks
le vecteur d'intégration	vehicle for integration
le parrainage des familles	twinning of families
prévoir des	to organise
activités socio-culturelles	socio-cultural activities
activités ludiques	activities involving games
ateliers créatifs	workshops for creative activities
sorties	outings
repas conviviaux	convivial meals
jeux de société	parlour games/board games

La marginalisation et l'aliénation du point de vue des immigrés

Marginalisation and alienation of immigrants

le préjugé	prejudice
la xénophobie	xenophobia (hatred of foreigners)
l'antisémitisme (*m*)	antisemitism
l'islamophobie (*f*)	islamophobia
l'intolérance (*f*)	intolerance
la méfiance	mistrust
l'inégalité (*f*)	inequality
le système social globalement inégalitaire	wholly unfair social system

la discrimination raciale	racial discrimination
la discrimination fondée sur l'origine	discrimination based on where you come from
être stigmatisé(e)	to be stigmatised
être défavorisé(e) par rapport à la population majoritaire	to be disadvantaged in relation to the majority of the population
subir des pressions quotidiennes	to suffer daily pressures
être aux marges de la société	to be on the fringes of society

se heurter au pouvoir discrétionnaire des autorités	to come up against the discretionary power of the authorities
avoir un taux de chômage double	to have double the number of unemployed
avoir un taux de pauvreté triple	to have three times the number in poverty
être confronté(e) à des discriminations	to face forms of discrimination
dans la recherche d'un emploi	in the search for a job
dans la recherche d'un logement	in the search for accommodation
dans l'accès aux loisirs	in gaining access to leisure activities
être victime(s) d'un	to be the victim(s) of
apartheid territorial	territorial apartheid
apartheid social	social apartheid
apartheid ethnique	ethnic apartheid
être relégué(e) dans les quartiers fuis par les autres	to be relegated to districts deserted by others
se retrouver vite ghettoïsé	to find oneself quickly ghettoised
habiter des cités où règne(nt) :	to live on estates dominated by:
l'échec scolaire	failure at school
le chômage	unemployment
la délinquance	delinquency
la drogue	drugs
être dans une situation complètement bloquée	to be in a situation from which there is absolutely no way out
le sentiment	sense of
d'exclusion	alienation
d'incertitude	uncertainty
souffrir d'isolement social	to suffer from social isolation
être en rupture sociale	to be at odds with society
être considérés (à tort) comme :	to be (wrongly) regarded as:
des indésirables	undesirables
des fainéants	layabouts

se sentir	to feel
rélégué(e)(s)	pushed to the bottom of the pile
ignoré(e)(s)	ignored
rejeté(e)(s)	rejected

avoir du mal à :	to have difficulty in:
obtenir l'autorisation de travail	getting a work permit
se renseigner sur les possibilités d'apprentissage	getting information about training opportunities
les programmes de formation ne tiennent pas compte :	training programmes do not take into account:
des besoins linguistiques	linguistic needs
des connaissances antérieures	previously acquired knowledge
des qualifications antérieures	previously acquired qualifications
la non-reconnaissance de qualifications acquises à l'étranger	non-recognition of qualifications obtained abroad
se sentir surqualifié(e) pour son emploi	to feel over-qualified for one's job
occuper des métiers en grande partie	to fill jobs which are mainly
peu qualifiés	low-skilled
pas qualifiés	unskilled
n'avoir que des contrats temporaires	to have only temporary contracts
les écarts de salaire	differences in salaries
avoir un salaire un tiers plus faible que...	to have a salary a third lower than...
être moins bien payé(e) à compétences équivalentes	to be less well paid despite having equivalent skills
avoir des chances de promotions inférieures	to have lower chances of promotion
le risque d'être exploité(e)	risk of being exploited
faire l'objet d'exploitation	to be the object of exploitation

le parcours positif	positive pathway
se sentir attaché(e) à l'identité française	to feel attached to French identity
avoir un sentiment d'appartennance très fort	to have a very strong sense of belonging
trouver sa place dans la société	to find one's place in society
apprécier les offres (f) d'intégration	to value the offers of help to integrate
la nouvelle génération réussit à :	the new generation is succeeding in:
obtenir des diplômes	getting qualifications
avoir accès à l'enseignement supérieur	access to higher education

un taux de bacheliers en hausse	a rising number of people who have the baccalaureate
ce qui peut payer en France :	what pays off in France:
l'apprentissage des codes sociaux	learning the social codes of behaviour
les bonnes rencontres	meeting the right people
le soutien familial	family support
l'acharnement	determination
la ténacité	tenacity
mettre en avant ses compétences	to advertise one's abilities
exprimer ses talents	to express one's talents
Pour réussir, il faut croire en soi	To succeed, one must have self-belief
viser la	to aim for
réussite scolaire	success at school
réussite professionnelle	professional success
il faut	one must
gravir les échelons un à un	climb the ladder step by step
avoir le courage de continuer	have the courage to press on
il est possible de devenir, entre autres :	one can become, among other things:
entrepreneur	an entrepreneur
cadre	an executive
chef d'entreprise	head of a company
avocat(e)	lawyer
enseignant(e)	teacher
scientifique	scientist

Strategy

There are many nouns linked to -*er* or -*ir* verbs that fall into a predictable pattern, e.g. *former = la formation, empêcher = l'empêchement, vieillir = le vieillissement*. When this is not the case, make a note of the verb and the noun.

A Trouvez dans les listes ci-dessus le substantif lié aux verbes suivants :

1 accueillir
2 gérer
3 éveiller
4 rechercher
5 isoler

6 rompre
7 connaitre
8 employer
9 apprendre
10 rencontrer

Strategy

You will know by now that there are certain nouns with predictable genders, e.g. those ending in -*ment* and -*ion* are, with relatively few exceptions, masculine and feminine, respectively. However, for some nouns, the gender is less predictable, for example, nouns ending in -*e* or -*x*.

B Cherchez dans les listes ci-dessus les substantifs suivants pour en vérifier et noter (au besoin) le genre.

1 problème
2 prix
3 règle
4 subside
5 dialogue

6 travail
7 drogue
8 risque
9 offre
10 rencontre

Useful websites

You can find other useful vocabulary on the topic of *Répondre aux défis de l'immigration et l'intégration en France* on the following websites:

www.immigration.interieur.gouv.fr

www.inegalites.fr

9 L'extrême droite

le parti politique	political party
conservateur (-trice)	conservative
extrémiste	extremist
réactionnaire	arch-conservative reactionary
néofasciste	neofascist
soutenir	to support
les élections municipales	local elections
les élections régionales	regional elections
les élections nationales	national elections
les élections présidentielles	presidential elections
les élections européennes	European elections
obtenir/ratisser x% des suffrages exprimés	to get x% of the votes cast
l'Union européenne	European Union
le porte-parole	spokesperson
la pomme de discorde	bone of contention
soulever un débat	to provoke discussion

La montée du Front National
Rise of the National Front

ce qui favorise l'implantation du FN	what gives the National Front a chance to take root
l'échec (*m*) du gouvernement socialiste	failure of the socialist government
la trop forte ingérence de l'UE	excessive interference by the EU
la crise économique	economic crisis
le chômage en hausse	rising unemployment
la paupérisation du salariat	impoverishment of employed people
les flux migratoires	influxes of migrants
la montée de l'islamisme	rise of Islamism
la menace terroriste	threat of terrorism
les attentats terroristes	terrorist attacks
l'ère (*f*) de la précarité	era of insecurity
la perte des valeurs traditionnelles	loss of traditional values
le délitement du lien social	splitting-up of social links
l'absence (*f*) d'espoir de changement	absence of any hope of change
le sentiment d'abandon	feeling of being abandoned
la peur du déclassement	fear of a drop in social standing

les thèmes (*m*) de prédilection	favourite themes
les idées phares du projet	the key ideas of the plan
le fonds de commerce	the stock in trade
la stratégie de séduction électorale	strategy for seducing voters
la haine de l'étranger	hatred of foreigners
l'appartenance (*f*) à l'UE	membership of the EU
préserver	to preserve
l'identité française	French identity
la souveraineté française	French sovereignty
redonner à la France son indépendance	to give back to France its independence
en matière	with regard to
diplomatique	diplomacy
monétaire	currency
économique	the economy
commerciale	trade
industrielle	industry
d'éducation	education
stigmatiser	to stigmatise
les immigrés	immigrants
les chômeurs	the unemployed
les fonctionnaires nantis	well-off civil servants
les musulmans	Muslims
le discours alarmiste	alarmist talk
créer un climat de peur	to create a climate of fear
jouer des	to play on
peurs	fears
préjugés	prejudices
rancœurs	feelings of resentment
attiser les	to fuel
passions	strong feelings
tensions	tensions
refuser l'idée d'un pays multiculturel	to reject the idea of a multicultural nation
rétablir les frontières nationales	to re-establish the nation's borders
réguler les flux migratoires	to control the influx of migrants
une réduction importante de l'immigration	big reductions to immigration
le rapatriement des clandestins	repatriation of illegal immigrants
supprimer le droit du sol	to end the right to nationality according to one's place of birth

supprimer le regroupement familial	to end the right of families to join a relative
faire un parallèle entre délinquance et immigration	to draw a parallel between delinquency and immigration
évoquer le spectre islamiste	to evoke the spectre of Islamism
contrecarrer la montée de l'islamisme	to thwart the rise of Islamism
assurer la fermeture des mosquées	to guarantee the closure of mosques
supprimer les associations radicales	to get rid of radical groups
juguler la menace terroriste	to curb the threat of terrorism
renforcer les forces de l'ordre	to strengthen the forces of law and order
rétablir le service militaire	to bring back military service

les mesures phares du programme économique	key measures of the economic programme
la défiance à l'égard de l'Europe	a defiant attitude towards Europe
la sortie de l'Euro	leaving the Euro
le retour à la monnaie nationale	going back to a national currency
le protectionnisme	protectionism
instaurer des taxes sur les marchandises importées	to impose taxes on imported products
revenir à l'équilibre	to return to a stable
de la balance commerciale	balance of trade
du budget de l'État	national budget
inverser le mouvement de désindustrialisation	to reverse the tide of de-industrialisation
délocalisation	businesses relocating
revenir au plein emploi	to return to full employment
donner la priorité aux Français en matière d'emploi	to give priority to French people in the job market
lutter contre la fraude fiscale	to fight tax fraud

un plan de communication bien huilé	well-oiled communication strategy
la stratégie de dédiabolisation du parti	strategy to get rid of the demonisation of the party
recueillir des suffrages	to gather support from voters
confirmer l'ancrage frontiste	to confirm the National Front's electoral base
capitaliser sur les différentes crises	to capitalise on the various crises
canaliser le mécontentement	to channel dissatisfaction
la montée en puissance du message	increase in the power of the message

réussir à imposer les thèmes	to make the themes stick
séduire les gens par une pensée simpliste	to seduce people with a simplistic way of thinking
drainer la masse de mécontents	to draw in the mass of malcontents
le discours anti-élite	anti-elitiste message
le discours de vengeance	message of revenge
encourager le sentiment du 'tous pourris'	to encourage the feeling that 'they are all rotten'
élargir sa base électorale	to broaden one's electoral base
investir	to invade
un terrain délaissé par la gauche	territory neglected by the left
les fiefs de la droite	the domains of the right
réussir à conquérir les	to win over the
classes populaires	working classes
petites classes moyennes	lower middle classes
le basculement du vote ouvrier	the working-class vote tipping over

Les leaders du Front National

Leaders of the National Front

le/la candidat(e) frontiste	the Front's candidate
le/la candidat(e) anti-système	candidate against the existing system
le/la champion(ne) de la laïcité	champion of non-religious authority
la voix des laissés-pour-compte	the voice of outcasts
le défenseur	defender
des services publics	of public services
du rôle de l'État	of the role of the state
s'octroyer le rôle de chevalier blanc	to cast oneself in the role of the white knight
remanier l'image du parti	to overhaul the party's image
donner une image plus moderne du parti	to give the party a more modern image
rendre le parti plus fréquentable	to make it more respectable to be associated with the party
être proche des préoccupations des gens	to relate closely to people's preoccupations
Marine Le Pen, favorite des sondages	Marine Le Pen, favourite in the opinion polls
inspirer la confiance	to inspire confidence
être largement en tête	to be comfortably in the lead
arriver en tête au premier tour	to be ahead in the first round
se qualifier pour le second tour	to qualify for the second round

la surexposition médiatique	over-exposure in the media
une campagne qui s'essouffle	a campaign which runs out of steam
descendre à la deuxième place	to slip down into second place

L'opinion publique / *Public opinion*

le rejet croissant des autres partis	growing rejection of the other parties
le refus d'une nouvelle alternance droite/gauche	refusal of further switches between right and left
un raidissement très net	very distinct hardening of attitudes
le besoin de tenter autre chose	need to try something else
le vote protestataire	protest vote
le vote anti-immigration	anti-immigration vote
le symbole de la colère du peuple	symbol of the people's anger
l'expression du repli identitaire	expression of reteat into one's own community
incarner une droite patriote	to be the living symbol of the patriotic right
avoir besoin de certitudes	to need certainties

....

le climat conflictuel	confrontational atmosphere
soulever de vives protestations	to provoke vigorous protests
susciter une vive polémique	to stir up fierce controversy
donner lieu à de multiples contestations	to give rise to many objections
pâtir d'une perception négative	to suffer from a negative image
parler aux émotions et non à la raison	to address emotions, not reason
manquer de constance politique	to lack political consistency
représenter :	to represent:
le nationalisme le plus dur	the toughest kind of nationalism
un danger pour la démocratie	a danger to democracy
une négation	a negation
de l'esprit critique	of critical thinking
de la pensée rationnelle	of rational thought
être indifférent :	to be indifferent:
aux inégalités économiques	to economic inequalities
au réchauffement climatique	to global warming
aux droits des femmes	to women's rights
avoir une politique anti-pauvres	to have a policy that discriminates against the poor
cristalliser la réussite sur la peur ou la haine de l'autre	to base success on fear or hatred of others

être gangrené(e) par
  les idéologies extrémistes
  les idéologies nationalistes
  les idéologies racistes
être classé en dernière position sur :
  le pouvoir d'achat
  le chômage
  la croissance économique
  la dette publique
  les impôts
  l'éducation
ne pas être crédible sur la scène
  internationale
être le parti le plus poursuivi en France
être coupable
  de complicité d'escroquerie
  d'abus de biens sociaux
  de fraudes électorales

to be corrupted by
  extremist ideologies
  nationalist ideologies
  racist ideologies
to be bottom of the ranking order on:
  purchasing power
  unemployment
  economic growth
  public debt
  taxation
  education
to fail to be credible on the
  international stage
to be the most sued French party
to be guilty
  of involvement in fraud
  of abuse of public funds
  of electoral fraud

Strategy

Occasionally a word can lead you astray by its resemblance to an English word that has a different meaning, or deceptive phrases can crop up unexpectedly in idiomatic expressions. For example, the French for 'to have other fish to fry' is *avoir d'autres chats à fouetter*. Always note down interesting idioms and potentially misleading words.

There are also words which have more than one meaning. These are always worth investigating and examples are given in B below.

A Trouvez dans les listes ci-dessus chacun des mots ou expressions mots suivants et notez-en la traduction en anglais dans son contexte.

1 la pomme de discorde
2 les idées phares
3 drainer
4 investir
5 fréquentable
6 surexposition
7 impôts

B Les mots suivants, tirés des listes ci-dessus, ont plus d'un sens. Donnez une traduction en anglais qui est différente de celle qui correspond au contexte de cette unité.

1 le thème
2 le fonds
3 le droit
4 la monnaie
5 tenter

C Trouvez dans les listes ci-dessus les substantifs qui correspondent aux verbes suivants :

1 échouer
2 monter
3 perdre
4 haïr
5 appartenir
6 fermer
7 retourner
8 penser
9 refuser
10 réussir

Useful websites

You can find other useful vocabulary on the topic of *L'extrême droite* on the following websites:

http://konbini.com/front national

www.frontnational.com

Theme 4

L'Occupation et la Résistance

10 La France occupée

la Seconde Guerre mondiale	Second World War
collaborer	to collaborate
le/la collaborateur (-trice)	collaborator
le/la collabo	collaborator (*pejorative*)
coopérer	to cooperate
soutenir	to support
le commissaire de police	chief of police
l'étoile (*f*)	star
sentir	to feel
survivre	to survive
le/la survivant(e)	survivor
l'exposition (*f*)	exhibition
la propagande	propaganda
reconnaitre	to recognise
le drapeau	flag
le panneau	sign
l'ennemi (*m*)	enemy
la haine	hatred

La collaboration	*Collaboration*
la défaite	defeat
conquérir	to conquer
l'Occupation (*f*)	Occupation
les occupants	occupiers
l'occupant (*m*) nazi	Nazi occupier
l'hydre (*f*) nazie	Nazi hydra
l'envahisseur (*m*)	invader
l'omniprésence (*f*)	omnipresence
l'idéologie (*f*) fasciste	fascist ideology, doctrine
la dictature	dictatorship
l'Allemagne (*f*) nazie	Nazi Germany

un coup dur à avaler	a bitter pill to swallow
le territoire français	French territory
la zone occupée	occupied zone
la zone libre	free zone
le régime de Vichy	Vichy regime
les autorités (f) vichystes	Vichy authorities
réactionnaire	reactionary
le collaborationnisme	supporting the ideology of the occupiers
lâche	cowardly
la presse collaborationniste ⎫ la collaboration de plume ⎭	collaborationist press
le Secrétariat d'État à l'information et à la propagande	the Secretary of State for Information and Propaganda
l'autocensure (f)	self-censorship
les partis politiques collaborationnistes	collaborationist political parties
le Rassemblement national populaire (RNP)	French extreme-right collaborationist political party
le Parti populaire français (PPF)	French collaborationist political party
le maréchal Pétain	Marshal Philippe Pétain, head of the Vichy government
la figure vénérée	revered figure
l'entrevue (f) de Montoire	the meeting between Pétain and Hitler in Montoire-sur-le-Loir regarding collaboration
les positions de pouvoir	positions of power
un atout tactique et stratégique	a tactical and strategic asset
l'ordonnance (f)	decree, ruling
les concessions faites à l'occupant	concessions made to the occupier
la neutralisation des forces françaises	neutralisation of French forces
redresser	to sort out, to straighten out
unifier	to unify
les enjeux (m)	stakes
l'État	the state

. . . .

l'ère (f) nouvelle	new era
les années (f) noires	'black/bleak' years
les difficultés (f) quotidiennes	daily difficulties
l'hostilité (f) croissante	growing hostility
le climat d'hostilité	climate of hostility
le mépris	contempt, scorn
l'animosité (f)	animosity

l'ambiance (f)	atmosphere
les privations (f)	hardship
le régime autoritaire	authoritarian regime
corporatiste	corporatist
anticommuniste	anti-communist
maintenir l'ordre du régime de Vichy	to maintain the order of the Vichy regime
l'absence (f) d'accord concret	absence of a concrete agreement
l'ignorance (f)	ignorance

la milice	militia
le/la milicien(ne)	militia member
l'arrestation (f)	arrest
le délit	offence
commettre un délit	to commit an offence
être coupable	to be guilty
la justification	proof

la Résistance	the Resistance
les rapports (m)	relationships
les communistes (m/f)	Communists
les Alliés	Allies
le héros	hero
la lutte contre la Résistance	fight against the Resistance
la lutte contre l'Axe (m)	fight against the Axis
la lutte pour l'indépendance nationale	fight for national independence
décourager	to discourage
clandestinement	clandestinely
les mouvements (m) clandestins	clandestine, underground, secret movements
les réseaux (m) clandestins	clandestine, underground, secret networks
à la sauvette	on the sly
le sabotage	sabotage
la production de faux papiers	production of false papers
la diffusion de tracts	giving out leaflets
mobiliser	to mobilise

la Libération	Liberation
la rancune	resentment
être conscient(e) de ses actions	to be aware of one's actions

être humilié(e) en public	to be humiliated in public
demander pardon	to ask to be pardoned
les femmes tondues	women who collaborated who had their heads shaved after the war
la tonte	shearing
l'éruption de violence	eruption of violence
le désir de vengeance	desire for revenge/vengeance
s'en prendre à qqn	to take it out on someone

L'antisémitisme / *Antisemitism*

un juif	Jewish boy/man
une juive	Jewish girl/woman
les Juifs	Jewish people
les juifs orthodoxes/laïcs	orthodox/non-practising Jews
la haine des juifs en tant que groupe racial ou ethnique	hatred of Jews as a race or ethnic group
les actes (*m*) d'hostilité anti-juive	acts of anti-Jewish hostility
les mesures (*f*) discriminatoires	discriminatory measures
les mouvements (*m*) eugénistes	eugenic movements
la race aryenne	Aryan race
considérer comme une race inférieure	to consider as an inferior race
une idéologie laïque	non-religious ideology
les lois sur le statut des Juifs	laws on the status of Jews
l'exclusion (*f*)	exclusion
une catégorie à part de la population	category separate from the rest of the population

le conseil des ministres	Council of Ministers
le recensement des personnes considérées comme juives	census of people considered Jewish
dénoncer	to denounce
les dénonciateurs (*m*)	denouncers
la destruction de leur patrimoine	destruction of their patrimony
les signes caractéristiques de l'ennemi	characteristic signs of the enemy
les caricatures (*f*)	caricatures
l'étoile jaune	yellow star
l'envoi (*m*) de lettres de dénonciation	sending denunciation letters
la législation antisémite	anti-Semitic legislation
les restrictions	restrictions

être interdit	to be banned
de fréquenter des salles de spectacle	from going to concert halls
d'accéder aux magasins en dehors de certaines heures	from accessing shops outside certain times
d'exercer certaines professions	from doing certain jobs
les mesures de salubrité	hygiene measures
représenter un danger	to represent a danger
l'incitation (f) à la haine	incitement to hatred
le processus de spoliation des entreprises et commerces juifs	process of plundering Jewish businesses
l'humiliation publique	public humiliation
le certificat de non-appartenance à la race juive	certificate given during the Second World War to show that someone was not Jewish

- -

l'Holocauste (m)	Holocaust
la Shoah	the Shoah (Hebrew term for the killing of millions of Jews during the Second World War)
le génocide	genocide
le nettoyage ethnique	ethnic cleansing
l'épuration (f)	purging
l'impact (m) moral	moral impact
l'impact historique	historical impact
l'impact culturel	cultural impact
s'étendre	to extend; to spread
la rafle	roundup, raid
rafler	to round up
une prime	reward
l'ignominie (f) anti-juive	disgraceful anti-Jewish acts
la déportation des Juifs	deportation of Jews
acheminer	to transport
la rafle du Vél' d'Hiv' (Vélodrome d'Hiver)	the Vel' d'Hiv' Roundup (biggest mass deportation of Jews in France during the war)
l'opération (f) Vent printanier (ou Vent de printemps)	Operation Spring Breeze (code name for the deportation of Jews in July 1942)
répandu(e)	widespread
l'acharnement (m)	relentlessness
les raids (m) nocturnes	nocturnal raids
cacher	to hide

saisir	to seize
emmener qqn	to take someone
menacer	to threaten
la fuite	escape, flight
favoriser la fuite	to help to escape
venir en aide à	to give assistance to
se sauver	to escape, to run away
le/la fugitif (-ive)	fugitive

envoyer qqn dans un camp de concentration	to send someone to a concentration camp
le/la prisonnier (-ière)	prisoner
les centres (m) de rassemblement	assembly centres
les camps (m) d'internement français	French internment camps
être interné(e)	to be imprisoned
la cruauté	cruelty
être sévèrement battu(e)	to be severely beaten/battered
affamer qqn	to starve someone
affamé(e) jusqu'à la mort	to be starved to death
le travail forcé	compulsory labour
la sous-alimentation	undernourishment
la brimade	bullying
la peur	fear
la chambre à gaz	gas chamber
la persécution	persecution
l'extermination (f) des populations juives	extermination of Jewish populations
envoyer la majorité des enfants directement dans les chambres à gaz	to send most children directly to the gas chambers
l'anéantissement (m)	annihilation
exécuter les ordres	to execute orders
la violence de masse	mass violence
le crime contre l'humanité	crime against humanity
fusiller	to shoot
exécuter	to execute
assassiné(e)	assassinated
le meurtre	murder
les incidents meurtriers	murderous incidents
entasser	to pile up

Strategy

Another way of extending your vocabulary is to learn the antonym of a new word. Each time that you record a new verb, adjective or adverb, note down its opposite as well, e.g. *autoriser* ≠ *interdire*.

A Écrivez l'antonyme de chacun de ces mots tirés des listes de vocabulaire.

1 coopérer
2 soutenir
3 conquérir
4 redresser
5 décourager
6 unifier
7 survivre
8 reconnaitre
9 occupé(e)
10 dénoncer
11 lâche
12 inférieur(e)

B Trouvez dans les listes de vocabulaire l'antonyme de chacun des mots suivants :

1 se limiter
2 relâcher
3 rassurer
4 distribuer
5 alimenter
6 rare

C Pour chacune des phrases ci-dessous, écrivez une phrase contraire
Exemple : 1 La Résistance s'est opposée aux nazis.

1 Le régime de Vichy a coopéré avec les nazis.
La Résistance…
2 La zone libre était située au sud de la ligne de démarcation.
La zone…
3 Les nazis considéraient la race juive comme une race inférieure.
Les nazis considéraient la race…
4 Certains des Juifs ont été cachés et ont survécu.
Certains des Juifs ont été…
5 Pendant l'Occupation, la France était divisée en deux zones.
Après la Seconde Guerre mondiale,…
6 À la Libération, les collaborateurs étaient considérés lâches.
À la Libération, les…

D Trouvez l'antonyme d'au moins cinq autres verbes ou adjectifs tirés des listes de vocabulaire.

Useful websites

You can find other useful vocabulary on the topic of *La France occupée* on the following websites:

www.letudiant.fr/boite-a-docs/document/seconde-guerre-mondiale-l-antisemitisme-en-france-1940-1944-1832.html (https://tinyurl.com/y9rjqykh)

www.herodote.net/1940_1944-synthese-493.php (https://tinyurl.com/yd3b3fuc)

11 Le régime de Vichy

la carte d'identité	identity card
manquer	to lack
l'autorité (f)	authority
autoritaire	authoritarian
le bien-être	wellbeing
la discipline	discipline
la confiance	confidence
la main-d'œuvre	labour (force)
la Manche	English Channel
la pénurie	shortage
le service militaire	military service
le vaincu	the defeated
le vainqueur	the victor
l'armistice (m)	armistice
la capitulation	capitulation, surrender
influencer	to influence
la pression	pressure
justifier	to justify
condamner	to condemn
juger	to judge; to try

Le maréchal Pétain et la révolution nationale

Maréchal Pétain and the national revolution

le régime traditionaliste	traditionalist regime
construit(e) autour de	constructed around
diriger	to lead
le chef de l'État français	French head of state
le président du Conseil	head of the Council
siéger	to sit, to reign
se substituer	to act as a substitute for
les pleins pouvoirs (m)	full powers
posséder tous les pouvoirs	to possess all the power
le vieillard	old man
la carrière militaire	military career
la nomination	nomination
l'écrasante majorité (f)	crushing majority
le rôle clé	key role
l'influence (f)	influence

le vainqueur de Verdun	the conqueror of Verdun (how Pétain was known to the French after the First World War)
le bouclier	shield
le père de la nation	father of the nation
le culte de sa personnalité	cult of his personality
la motivation	motivation
le redressement intellectuel et moral	intellectual and moral recovery
l'appui (*m*)	support
aligner	to align
le nationalisme	nationalism
l'unité (*f*) française	French unity
l'ordre (*m*)	order
paternaliste	paternalist
la patrie	country, homeland
le patriotisme	patriotism
le culte de la patrie	cult of the homeland
les valeurs (*f*) patriotiques	patriotic values

la persécution des	persecution of
communistes	Communists
gaullistes	Gaullists
socialistes	Socialists
francs-maçons	Freemasons
handicapés	the handicapped
homosexuels	homosexuals
Noirs	black people
les témoins de Jéhovah	Jehovah's witnesses
les groupes considérés indésirables	groups considered undesirable
l'emprisonnement (*m*)	imprisonment
l'exécution (*f*)	execution
condamner à mort	to condemn to death
la torture	torture

l'effort (*m*) de guerre	war effort
nuire à	to harm
les effets (*m*) néfastes	harmful effects
confronté(e) à des difficultés	confronted with difficulties
la souffrance	suffering
les conditions (*f*) de vie au quotidien	day-to-day conditions

Le maréchal Pétain et la révolution nationale

la carte de rationnement	ration card
le manque de carburant	lack of petrol
se procurer des produits de première nécessité	to obtain the most necessary products
la ligne de démarcation	demarcation line
piller	to loot/plunder/pillage
le marché noir	the black market
les faux papiers (m)	false papers
le mensonge	lie
mensonger (-ère)	misleading
documenter	to document

le nouveau modèle d'État	new type of state
reformer la société	to reshape society
prôner le travail	to advocate work
la discipline	discipline
le culte du chef	cult of the boss
le corporatisme économique	economic corporatism
la Charte du travail	work charter
le Service du Travail Obligatoire (STO)	service of compulsory labour
réquisitionner	to requisition/commandeer
contraindre	to oblige/force to
être envoyé(e) en Allemagne	to be sent to Germany
l'abolition (f) des syndicats	abolition of trade unions
l'interdiction (f) de la grève	banning of strikes
l'interdiction (f) des métiers aux Juifs	banning of jobs for the Jews
contrôler les corporations	to control corporations
privilégier la corporation agricole	to favour agricultural corporations
maintenir une activité économique	to maintain economic activity

les effets néfastes sur l'économie	damaging effects on the economy
les constructions destinées à l'effort de guerre allemand	constructions destined for the German war effort
Sous le régime de Vichy, la France a envoyé en Allemagne :	Under the Vichy regime, France sent to Germany:
la moitié de sa production sidérurgique	half of its steel production
les trois quarts de son minerai de fer	three quarters of its iron ore
une grande partie de sa production agricole	a large proportion of its agricultural production
être saigné(e) à blanc	to be bled dry

les Allemands achetaient à bas prix pour leur famille	German soldiers bought at low prices for their families

le rôle des femmes	role of women
l'interdiction d'embauche de femmes mariées	banning of the employment of married women
l'obligation pour les femmes de plus de 50 ans de prendre leur retraite	obligation for women over 50 to retire
honorer les familles nombreuses	to do credit to large families
la cellule initiale de la société	first unit of society
honorer la femme au foyer	to do credit to housewives
renvoyer à la maison	to send back to the home
réduire aux tâches domestiques	to reduce to domestic tasks
le travail non salarié	non-salaried work
l'atteinte (f)	infringement, breach
rendre difficile	to make difficult
rendre hommage	to pay hommage
faire de la fête des mères une fête nationale	to make Mother's Day a national holiday
l'augmentation (f) du taux des allocations familiales	rise in the rate of family allowance
ne pas avoir le droit de divorcer	not to have the right to divorce
la condamnation de l'avortement	condemnation of abortion

persuader	to persuade
imposer	to impose, to force
la législation	law, legislation
la cible de la législation	target of legislation
la loi	act, statute, law
embrigader	to enrol, to recruit
inculquer	to instil
les effigies (f)	effigies
les bustes (m)	busts
la répression policière	police repression
l'abolition (f) du suffrage universal	abolition of universal suffrage
la politique xénophobe	xenophobic policies
le Commissariat général aux questions juives	commission responsible for preparing and applying the Vichy regime's anti-Jewish policies
le recensement national des Israélites	national census of Jews
les mesures (f) extrêmes	extreme measures

traquer	to hunt
réfractaire	resistant, defiant
la délation	informing, denunciation
la torture	torture
les massacres (m)	massacres
se réfugier ailleurs	to take refuge elsewhere
s'évader de	to escape from
se cacher	to hide

les Chantiers (m) de jeunesse	young people spending eight months living as a group
La vie des enfants fut profondément marquée.	Young people's lives were profoundly affected.
l'absence (f) des pères	absence of fathers
la perte des proches	loss of people close
être particulièrement vulnérable	to be particularly vulnerable
être traumatisé(e)	to be traumatised
trouver des moyens de survivre	to find ways to survive
être actif(-ive) dans la Résistance	to be active in the Resistance
la pénurie de vêtements	lack/shortage of clothing
le système de rationnement complexe	complex rationing system
être obligé(e) de chanter des chansons à la gloire de Pétain, comme *Maréchal, nous voilà !*, à l'école	to be obliged to sing songs glorifying Pétain, such as *Maréchal, nous voilà!*, at school
Sur les murs des classes il y avait le portrait de Philippe Pétain.	On the classroom walls was the portrait of Pétain.
former les jeunes aux idées du nouveau régime de Vichy	to train/shape children according to the new Vichy regime's ideas

la réaction des gens	people's reactions
les films (m) de propagande	propaganda films
minimiser les réalités (f) de la vie	to play down real life
Radio Londres	radio station broadcast from London
les émissions régulières destinées à la France occupée	regular programmes destined for occupied France

le débarquement anglo-américain en Normandie	Anglo-American landings in Normandy
l'offensive (f) amphibie des troupes alliées	amphibious offensive of the Allied troops
le Jour J	D-Day
percer les lignes allemandes	to penetrate German lines

pénétrer sur le territoire français	infiltrate French territory
libérer le territoire	to liberate the territory
les actions de guérilla	guerilla warfare
le régime de Vichy s'écroule	the Vichy regime collapses
suite à la Libération	following the Liberation
reculer	to decline
l'effondrement (*m*) du Reich	collapse of the Third Reich
les vainqueurs (*m*) du Reich	victors over the Third Reich
la capitulation allemande	German surrender
chasser du pouvoir	to throw out of power
se livrer	to surrender
le procès	trial, proceedings
le sort	fate
le jugement	judgment
mériter	to deserve
la reconstruction du pays	reconstruction of the country
la mise en place du gouvernement provisoire de la République française	setting-up of the provisional government of the French Republic

ACTIVITIES

Strategy

A useful way of revising words is to categorise them into subject matters, e.g. politics, religion, society. Sometimes when talking about a specific subject matter, you will need to use precise language rather than general terms. For example, *les lois* are different from *les ordonnances*, and *un employé*, *un cadre* and *un agent* are all slightly different.

A Mettez chacun des mots suivants sous le bon titre ci-dessous.

Titres :

Les mots de la politique
Les mots de la justice
Les mots de la société

Les mots de la religion
Les mots de la culture

l'armistice	le jugement	le manque
la loi	israélite	l'embauche
la capitulation	juif	le travail
la législation	le procès	l'activité économique
la patrie	la pénurie	le chef
la France	les émissions	les films
la Libération	la radio	
l'Occupation	le président	

B Ajoutez à chacune des catégories ci-dessus d'autres mots tirés des listes de vocabulaire.

C Trouvez dans les listes de vocabulaire un mot ou une expression qui veut dire :

1 le travail des ouvriers
2 un métier où l'on peut progresser
3 soumettre à la décision de sa juridiction
4 faire subir une punition
5 la cessation d'une guerre
6 quand une armée se rend à l'ennemi

D Écrivez une définition précise en français pour chacun des mots suivants associés à la guerre. Servez-vous d'un dictionnaire si vous en avez besoin.

1 se réfugier
2 se cacher
3 la loi

4 la législation
5 la pénurie
6 le manque

Useful websites

You can find other useful vocabulary on the topic of *Le régime de Vichy* on the following websites:

www.larousse.fr/encyclopedie/divers/gouvernement_de_Vichy/148768 (https://tinyurl.com/ycrveerq)

www.letudiant.fr/boite-a-docs/document/la-france-defaite-et-occupee-regime-de-vichy-collaboration.html (https://tinyurl.com/ybhvpzbm)

12 La Résistance

résister	to resist
réaliser	to realise, to fulfil
désobéir	to disobey
la désobéissance	disobedience
saboter	to sabotage
surveiller	to watch
le devoir	duty
appréhender	to apprehend

Jean Moulin	*Jean Moulin*
l'intellectuel(le)	intellectual
un homme de gauche	left-wing man
la figure mythique	mythical figure
l'admiration (f)	admiration
un homme de caractère	man with character
le bras droit de De Gaulle	De Gaulle's right-hand man
progressiste	progressive
des aptitudes (f) de dessinateur	skills as an artist
s'intéresser à la politique	to be interested in politics
le préfet	prefect, administrative officer
le sous-préfet	sub-prefect
les milieux (m) antifascistes	anti-fascist society
impliqué(e)	involved, implicated
nommé	appointed
recevoir la charge	to be given the job
mettre qqn à ses ordres	to give orders to someone
l'unification (f) de la résistance française	unification of the French resistance efforts
la création d'une armée secrète et unifiée	creation of a secret and unified army
l'agence (f) de presse clandestine	secret press agency
le rapprochement des Résistances intérieure et extérieure	the coming together of the interior and exterior French Resistance
les liens	links
les Mouvements unis de Résistance (MUR)	French organisation created in 1943 by fusing together three main Resistance movements

le Conseil national de la Résistance (CNR)	National Council of the Resistance (body that directed the different movements of the French Resistance)
être parachuté(e) dans	to be parachuted in
les fonds (m)	funds
prendre différentes identités	to take on different identities
avoir plusieurs fausses identités	to have several false identities
faire de gros efforts	to make a big effort
rallier	to rally, to unite
le ralliement	unity
la présidence	presidency
l'entité (f) politique	political entity
la légitimité	legitimacy
le/la sympathisant(e)	sympathiser, supporter
révoquer	to dismiss, to remove from office

Les femmes de la Résistance — *Women of the Resistance*

la place des femmes	the place of women
la Résistance féminine	women's Resistance effort
la force vive	strong force
peu valorisé(e)	not valued much
la portion congrue	smallest share
reconnu(e)	recognised
l'historiographie (f)	historiography
émerger	to emerge
se pencher sur	to study, to look at
mettre en avant	to highlight, to showcase
héroïque	heroic
le héroisme	heroism
les mères de famille	mothers, housewives
les femmes étudiantes	female students
les femmes ouvrières	female workers
les femmes enseignantes	female teachers
les femmes agricultrices	female farmers
les religieuses	nuns

s'investir dans	to invest in
la mission	mission
héberger	to accommodate, to put up
approvisionner	to supply
au sein des réseaux	within the networks

assurer les travaux de secrétariat	to carry out secretarial work
fabriquer de faux papiers	to forge documents (e.g. identity cards)
les services sociaux	social services
rejoindre les unités de la France libre comme médecin/infirmière/aviatrice	to join units of free France as a doctor/nurse/pilot
le travail d'infiltration de l'appareil militaire allemand	work of infiltrating German military systems
transmettre des renseignements	to transmit information
acheminer des courriers	to send letters/papers
organiser des manifestations	to organise demonstrations
jouer un rôle essentiel dans l'aide aux emprisonnés et aux persécutés	to play an essential role in helping prisoners and the persecuted
avoir l'air moins suspect	to look less suspicious
les Allemands se méfiaient moins des femmes	the Germans were less suspicious of women
l'engagement (m)	enlistment; commitment
leur engagement a été peu valorisé à la Libération	their involvement was not valued much at the time of the Liberation

Charles de Gaulle

le général de Gaulle	General de Gaulle
la figure tutélaire	protective figure
les gaullistes (m/f)	Gaullists
la France libre	French Resistance fighters around De Gaulle in London
s'imposer à la tête de...	to put oneself at the head of...
faible	weak
la faiblesse	weakness
Les Lettres Françaises	clandestine literary review
les chansons (f) parodiques	satirical songs
porter ses fruits	to pay dividends
remonter le moral	to boost morale
rasséréner	to calm down, to reassure
lancer un appel	to put out a call
la diffusion	broadcast
répondre à l'appel	to answer the call
résolu(e)	resolute
l'honneur (m)	honour
la vénération	veneration
le but	goal
le gouvernement en exil	government in exile

les subventions (f)	grants, subsidies
déménager en Angleterre	to move to England
l'itinéraire (m)	itinerary
le Comité français de Libération nationale	French Committee of National Liberation (provisional government of Free France, June 1943 to June 1944)
le Gouvernement provisoire de la République française (GPRF)	Provisional Government of the French Republic (June 1944 to October 1946)
le débarquement	landing
débarquer sur la plage	to land on the beach
être parachuté(e)	to be parachuted
le parachutage	parachuting
le largage	drop, dropping (of parachutists or bombs)
âprement	fiercely, hotly
contribuer à la victoire des Alliés	to contribute to the victory of the Allied forces
l'écrasement (m) du nazisme	crushing of nazism
acclamer	to cheer
l'espérance (f)	hope
commémorer	to commemorate
la réorganisation de la France	reorganisation of France

La Résistance des Français

The French Resistance

la Résistance extérieure	French Resistance taking place outside of France
en dehors du sol français	outside French soil
les Forces françaises libres (FFL)	French forces working for the Resistance outside of France
la Résistance intérieure	French Resistance taking place in France
les Forces françaises de l'intérieur (FFI)	French forces working for the Resistance within France
les Francs-tireurs	a resistant group
la dessein	plan, intention, scheme
la zone sud	unoccupied area of France
la zone nord	occupied area of France
les actes (m) isolés	isolated acts
agir seul	to act alone
mal organisé(e)/structuré(e)	badly organised/structured
divisé(e)	divided

les résistants	resisters
les hors-la-loi	outlaws, bandits
le/la partisan(e)	partisan, follower, supporter
les exilés téméraires	audacious exiles
s'opposer au régime dictatorial	to oppose the dictatorial regime
la croix de Lorraine	cross chosen by de Gaulle as the symbol of the Resistance
se battre contre	to fight against
se lever contre	to rise up against
la lutte contre l'Axe	fight against the Axis
dire non à la résignation l'humiliation	to say no to resignation humiliation
les relais collaborationnistes	collaborationist representatives
l'insoumission (f)	rebelliousness, conscientious objection
ne pas supporter la défaite de la France	to not bear France's defeat
défendre les valeurs de la France	to protect France's values
défendre la liberté	to protect freedom
le destin	fate
la servitude	servitude
fou (folle) de rage	mad with rage
être bouleversé(e)	to be shaken, overwhelmed
insupportable	unbearable
les initiatives (f)	initiatives
les services (m) secrets	secret services
les services techniques	technical services
l'agent (m) secret l'agent des services secrets l'espion	secret agent, spy
l'opérateur (-trice) radio	radio operator
devenir membre d'un réseau	to become a member of a network
toutes les couches (f) sociales	all social strata
le maquis	armed underground Resistance organisation whose members hid in sparsely populated areas such as forests or mountains
les maquisards	resisters who belonged to a *maquis*
ravitailler les maquisards	to resupply/feed the underground resisters
trouver de quoi manger	to find something to eat
l'esprit (m) de communauté	community spirit
le/la paysan(ne)	farmer

le combat souterrain	underground combat
le/la combattant(e)	combatant, soldier
les soldat(e)s aguerri(e)s	battle-hardened soldiers
regrouper	to regroup
de la première heure	from the outset
le/la recru(e)	recruit
former	to train
le martyr	martyr
se sacrifier	to sacrifice oneself
le sacrifice	sacrifice
la complicité	complicity
sous l'égide de	under the aegis of

les risques étaient nombreux	the risks were numerous
courir un risque	to run a risk
payer un lourd tribut (à qqch)	to pay a heavy price (for sth)
oser	to dare
la trahison	treason, betrayal
l'attentat (m)	attack, bombing
faire exploser	to blow up
trembler de peur	shake with fear
avoir une peur bleue	to be scared stiff
penser aux conséquences	to think of the consequences
la clandestinité s'imposait	secrecy was needed
protéger l'entourage	to protect the entourage
sacrifier le confort personnel	to sacrifice personal comfort
l'aile (f)	wing
concerté(e)	united
s'organiser en réseaux et en mouvements	to get organised into networks and movements
rédiger les rapports à la main	to write reports by hand
coder	to encode
le codage et le décodage des messages ou des rapports	encoding and decoding of messages or reports
exécuter de nuit	to carry out at night
la tâche fastidieuse	tedious task
la transcription d'un texte	transcription of a text
les télégrammes (m)	telegrams
parcourir	to travel across an area
coller des affiches (f)	to put up posters
prendre la parole	to speak, to take the floor

les inscriptions (f) sur les murs	inscriptions on walls
visible	visible
déposer des informations	to drop information
les « boites aux lettres »	'letter boxes' or places where agents would drop information
récupérer des	to pick up
messages	messages
colis cachés	hidden parcels
porter les messages	to carry messages
saboter le matériel de guerre allemand	to sabotage German war equipment
l'industrie (f) d'armement	arms industry
la collecte des armes	gathering of arms
la manipulation d'explosifs	handling of explosives
les projets (m) locaux	local projects
les projets (m) régionaux	regional projects
la « boite aux lettres brulée »	drop-off/pick-up place that has been detected and is under police surveillance
le matériel de transmission	transmission equipment
la tentative	attempt
prévenir	to warn
changer de lieu	to change the place
avaler des documents	to swallow documents
dispersé(e)	scattered
être contrôlé(e)	to be checked
bloquer les sorties	to block exits
entourer	to surround
prendre en tenaille	to use a pincer movement on, to surround
prendre des otages	to take hostages
la filière d'évasion	escape route
evacuer	to evacuate
rescaper	to save
torturer	to torture
mettre des menottes	to handcuff
frapper	to hit
pendre par les poignets	to hang by the wrists
perdre connaissance	to lose consciousness
plonger quelqu'un sous l'eau	to immerse someone in water
jeter quelqu'un dans une cellule	to throw someone into a cell

la table d'étirement	device used to torture people by stretching them from the wrists and ankles

travailler et communiquer ensemble	to work and communicate together
faciliter la communication	to facilitate communication
le jalon essentiel	essential milestone
les agents de liaison	go-betweens

reconquir	to reconquer
remettre en marche	to restart, to get going again
délier	to release, to liberate
faire des représailles	to retaliate
avoir recours à	to resort to
les Compagnons de la Libération	Companions of the Liberation
médaillé(e) de la Résistance	given the Resistance medal

Strategy

Different suffixes in French can signify different things. For example, the suffixes *-ard* and *-âtre* can add a negative value to a word. This can help when working out the meaning of words.

A Écrivez des mots tirés des listes de vocabulaire sous chacun des titres ci-dessous.
  • les mots qui se terminent en *-iste*
  • les mots qui se terminent en *-isme*
  • les mots qui se terminent en *-able*
  • les mots qui se terminent en *-age, -ement, -tion, -sion, -aison, -ison*

B Maintenant, reliez les suffixes ci-dessus aux définitions ci-dessous.
  1 les suffixes qui expriment l'action/le résultat de l'action
  2 les suffixes qui signifient « qui peut être »
  3 les suffixes qui marquent une profession ou une activité
  4 les suffixes qui désignent des courants de pensée philosophiques ou politiques

C Ajoutez un des suffixes ci-dessus à la fin de chacun des substantifs et des verbes suivants pour faire de nouveaux mots. Ensuite, complétez chaque phrase en choisissant un des nouveaux mots.

Exemple : 6 parachute + *-age* = parachutage

héro	sabot	écraser
code	engager	nazi
parachute		

  1 Pendant la guerre, le ....__ des matériaux était normal.
  2 L'..........__ des femmes a été peu valorisé à la Libération.
  3 Il ne faut jamais oublier l'..........__ et le sacrifice des jeunes soldats.
  4 Le ....__ des messages a rendu la communication plus facile.
  5 Les résistants ont contribué à la victoire des Alliés et l'..........__ du ....__.
  6 Un gros ....__ d'armes a eu lieu le 1er aout 1944.

D Ajoutez d'autres mots que vous connaissez aux listes de l'exercice A.

Useful websites

You can find other useful vocabulary on the topic of *La Résistance* on the following websites:

www.hist-geo.com/france/seconde-guerre/cours/resistance-francaise.php
(https://tinyurl.com/yarorfqm)

http://lesresistances.france3.fr/home

Section C

Recherche et présentation

C1 La mode   *Fashion*

le style	style
la coupe	cut
la couleur	colour
à la mode	in fashion
la marque	brand
la toile	cloth
le mannequin	model
fabriquer	to make
coudre	to sew
la tenue	outfit

la nouveauté ⎫ le dernier cri ⎭	latest thing
la tendance	trend, fashion
c'est très tendance	it's very trendy
branché(e)	trendy, cool
les marques les plus cotées	the most popular brands
le marché de masse	mass market
le marketing	marketing
les consommateurs	consumers
révolutionner	to revolutionalise
l'industrie (f)	industry
perdurer	to endure

la silhouette	silhouette
large	loose-fitting
moulant(e)	tight-fitting
volumineux (-euse)	voluminous
asymétrique	asymetric
vaporeux (-euse)	flimsy, floaty, diaphanous
décolleté(e) ⎫ échancré(e) ⎭	low-necked

le décolleté	neckline
élégant(e)	elegant
en cachemire	(made of) cashmere
en soie	(made of) silk
la dentelle	lace
le vêtements de sport	sportswear
bardé(e) de logos	loaded with logos
frivole	frivolous
conservateur (-trice)	conservative
inspiré(e) de…	inspired by…
bousculer les convenances	to shake up what's respectable
le vestiaire	changing room
se vêtir	to dress
s'habiller de façon voyante	to dress ostentatiously
rajouter des accessoires	to add accessories
orner	to decorate, adorn

le corset	corset
le New Look	Dior's New Look
la crinoline	crinoline petticoat
la mousseline	chiffon
la redingote	frock coat
visionnaire	visionary
le classicisme	classicism, conventionality
un gros phénomène	a big phenomenon

les effets (m) néfastes	harmful effects
créer les divisions sociales	to create social divides
afficher un statut social	to show social status
le cout	cost
s'habiller chic coute cher	dressing stylishly is expensive
provoquer un sentiment d'injustice	to provoke a feeling of injustice
l'origine (f) des produits	the origin of products
équitable	fairtrade, ethical
l'exploitation (f)	exploitation
la société de consommation	consumer society
le manque d'identité	lack of identity
s'habiller pour les autres	to dress for others
la superficialité	superficiality
peu pratique	not very practical

les mannequins maigres	skinny models
un culte de la minceur peu réaliste	an unrealistic cult of thinness
faire du 32	to be size 4 (*or* zero *in USA*)
l'anorexie (*f*)	anorexia
la boulimie	bulimia
les troubles (*m*) alimentaires	eating disorders
se priver de nourriture	to go without food
suivre des régimes drastiques	to follow drastic diets
s'affamer	to starve oneself
être en sous-poids	to be underweight
devenir obsessionnel(le)	to become obsessive
la santé mentale	mental health
la campagne publicitaire	advertising campaign
retoucher à l'aérographe	to airbrush
être constamment exposé(e) aux diktats de la mode	to be constantly exposed to the tyranny of fashion
se conformer à cette image	to conform to this image
la pression sociale	social pressure
s'ouvrir à d'autres représentations	to be open to other/different images
les collections grandes tailles	plus-size (fashion) collections
les mannequins plus size	plus-size models
accorder de l'attention à	to pay attention to
les égéries aux courbes généreuses	muses with curves
les égéries musclées	muscular muses
la morphologie	morphology, shape
rond(e)	chubby, plump, curvy

la haute couture	high fashion
les vêtements (*m*) griffés	designer clothes
le marché de luxe	luxury market
l'atelier (*m*)	workshop
la maison Chanel/Dior	the house of Chanel/Dior
le/la créateur (-trice) de mode le/la couturier (-ère)	fashion designer
l'esthète (*m/f*)	aesthete (person who appreciates art and beauty)
les créations (*f*)	creations
le tailleur	tailor
faire (qqch) sur mesure	to tailor (sth)
la pièce	piece
le défilé (de mode)	fashion show

le parfum	perfume
les bijoux (*m*)	jewellery
la maroquinerie	leather goods
le prêt-à-porter	ready-to-wear clothes
la collection	collection
la saison	season
la semaine de mode	fashion week

faire un rapprochement entre ce qu'on porte et ce qu'on est	to make a connection between what we wear and what we are
satisfaire un besoin d'identification	to satisfy the need for an identity
un style qui reflète mes idées/gouts	a style that reflects my ideas/tastes
l'individualité (*f*)	individuality
fortement conditionné par	strongly influenced by
le matraquage publicitaire	advertising hype
le culte du héros	the cult of the idol
s'identifier à une star	to identify with a celebrity
une obsession pour les marques	an obsession with brand names
un moyen d'affirmer	a means of affirming
son rang social	one's social standing
son pouvoir d'achat	one's buying power
sa personnalité	one's personality
suivre les tendances du marché	to follow market trends
la reconnaissance sociale	recognition by society
le désir de	desire to
se sentir intégré(e)	feel integrated
se fondre dans le groupe	blend in with the group
le code d'appartenance au groupe	code of group membership
se conformer	to conform to, to comply with
le facteur d'intégration au sein d'un groupe	issue of being accepted by a group
le clan	clan, group, tribe
la peur d'être exclu(e)	fear of being excluded
se sentir rejeté(e)	to feel rejected
se démarquer des adultes	to differentiate oneself from adults
affirmer ses différences par rapport aux autres	to assert the differences between oneself and others
la décontraction	relaxation, laid-back attitude
la recherche d'une esthétique	looking for a certain aesthetic

le tir à l'arc	archery
l'athlétisme (*m*)	athletics
le badminton	badminton
le basket	basketball
la boxe	boxing
le canoë-kayak	canoeing
le cyclisme	cycling
la danse	dancing
la plongée	underwater diving
la plongée sous-marine	scuba diving
le plongeon	diving from a board
l'escrime (*f*)	fencing
le football	football
le golf	golf
la gymnastique	gymnastics
le handball	handball
le judo	judo
le saut en hauteur	high jump
la randonnée pédestre	hiking
l'équitation (*f*)	horse riding
le karaté	karate
le saut en longueur	long jump
les arts martiaux	martial arts
les sports de raquettes	racket sports
le roller	roller blading, roller skating
l'aviron (*m*)	rowing
le rugby à 15	rugby union
la course à pied	running
la voile	sailing
le tir	shooting
le patin à glace	skating
le ski	skiing
le squash	squash
la natation	swimming
le tennis	tennis
le tennis de table	table tennis
le ski nautique	water skiing
l'haltérophilie (*f*)	weight lifting

la planche à voile	windsurfing
les sports d'hiver	winter sports

Qui et où

le/la licencié(e)	club member
le/la manager (-euse)	manager
l'entraineur (-euse)	trainer
l'adversaire (*m/f*)	opponent
l'arbitre (*m/f*)	referee
l'offre sportive	sports which are available
les installations sportives de proximité	local sports facilities
la fédération sportive	sports association
le club de remise en forme	health/fitness centre
le matériel	equipment
le gymnase la salle de fitness	gym
le stade	stadium
la piscine	swimming pool

La pratique du sport

Sporting activity

pratiquer un sport	to practise a sport
participer à	to take part in
se remettre en forme	to get back into shape
entretenir sa forme	to keep fit
s'entrainer	to train
la séance d'entrainement	work-out
les techniques (*f*) d'entrainement	training techniques
la formation technique	technical training
la formation intensive	intensive training
la musculation	weight training
bruler des calories	to burn off calories
l'effet (*m*) bénéfique pour la santé	beneficial effect on health
la recherche	looking to
du bien-être	feel good
de l'équilibre personnel	well balanced
l'épanouissement (*m*) de la personnalité	blossoming of the personality
réduire le stress	to reduce stress
se défouler	to let off steam
augmenter la capacité de travail	to increase capacity for work

concourir	to compete
disputer un match	to play a match
s'y adonner selon ses possibilités	to give it what one can
fournir le meilleur de soi-même	to give of one's best
le dépassement de soi	surpassing oneself
dépasser les autres	to outperform the others
le résultat	result
gagner une médaille	to win a medal
gagner un trophée	to win a trophy
l'esprit (m) d'équipe	team spirit
la dynamique du groupe	group dynamic
se faire de nouveaux amis	to make new friends
renforcer le sentiment d'appartenance	to reinforce a sense of belonging
de la cohésion par le soutien	of cohension through support
le sentiment de faire corps avec le groupe	feeling of being at one with the group
contribuer à la cohésion sociale	to contribute to social cohesion

L'Olympisme — *Olympic ideal*

la morale sportive	ethics of sport
respecter les valeurs olympiques	to respect the Olympic values
partager un objectif	to share a objective
tisser des liens entre les gens	to bring people together
le respect de l'autre	respect for others
le respect des règles	respect for the rules
l'équipe (nationale)	(national) team
l'esprit (m) d'équipe	team spirit
le fair-play	fair play
l'exemplarité (f) du sportif de haut niveau	good example set by a high-level contestant
l'honneur (m) de représenter son pays	honour of representing one's country
le classement mondial	world ranking
battre le record (du monde)	to beat the (world) record
le championnat (du monde)	(world) championship
devenir un volontaire olympique	to become a volunteer at the Olympics
des personnes venues de tous les horizons	people from all over the place
assurer le bon fonctionnement des jeux	to ensure the smooth running of the games

avoir des domaines d'expertise très variés	to have a great variety of expertise
mettre ses compétences au service des jeux	to use one's abilities to help the games
concentrer l'énergie au service des autres	to focus energy on helping others

Le dopage — *Drug taking*

se donner tous les moyens pour gagner	to give oneself any means of winning
avoir recours à…	to resort to…
améliorer le rendement de l'organisme	to improve the body's efficiency
le culte de la performance	cult of performance
la pression des sponsors	pressure from the sponsors
l'exigence (f) de résultats	demand for results
la réussite à tout prix	success at all costs
se doper	to take drugs
les substances interdites	banned substances
l'absorption (f) de plus en plus massive de…	the ever-increasing consumption of…
les produits masquants	products which conceal drug use
indécelable	undetectable
l'effet n'est qu'à court terme	the effect is only short term
la politique de contrôle antidopage	policy of testing for drugs
effectuer des contrôles obligatoires	to carry out compulsory tests
échouer un test de dépistage	to fail a drugs test
duper les spectateurs	to fool the spectators
être pris(e) sur le fait	to be caught in the act
invalider une performance	to disqualify a performance
la suspension	suspension

Le sport et l'argent — *Sport and money*

la course au profit	chasing after profit
les droits (m) de diffusion	broadcasting rights
le parrainage (d'entreprise)	(corporate) sponsorship
la compagnie commanditaire	sponsoring company
le contrat de sponsoring	sponsorship contract
l'athlète (m/f) commandité(e)	sponsored athlete
des intérêts commerciaux colossaux	colossal commercial interests
la promotion commerciale	promotion of products

le placement de produits	product placement
retirer des avantages publicitaires	to benefit from advertising
l'avidité (*f*)	greed
des salaires (*m*) hors du commun	extraordinary salaries
des salaires déraisonnables	salaries beyond reason
l'indemnité (*f*) de transfert	transfer fee
des chiffres exorbitants	staggering figures
la surenchère	outbidding
la corruption	corruption
les paris sportifs	gambling on results
porter préjudice à l'essence de l'esprit sportif	to undermine the essence of the sporting spirit

Le sport pour les femmes	***Sport for women***
promouvoir l'égalité des sexes	to promote sexual equality
le plan de féminisation	plan to involve women more
corriger les inégalités d'accès	to correct the inequality of access
pouvoir pratiquer le sport de son choix	to be able to choose one's sporting activity
lutter contre les stéréotypes	to fight against stereotyping
prévenir les conduites sexistes	to prevent sexist behaviour
mutualiser les expériences	to share experiences fairly
améliorer l'encadrement technique	to improve technical coaching
promouvoir la diffusion des épreuves sportives féminines	to promote the broadcasting of women's sporting events
pratiquer l'égalité des prix	to have equal prize money
l'accès (*m*) des femmes à l'arbitrage	the chance for women to be referees

Le sport pour les handicapés	***Sport for the disabled***
avoir un handicap moteur	to be physically disabled
avoir un handicap psychique	to be mentally disabled
avoir un handicap visuel	to have a visual impairment
avoir un handicap auditif	to have a hearing impairment
la thérapie par le sport	therapy through sport
permettre à chacun de jouer son rôle	to allow each person to play his/her part
aider qqn à reprendre gout à la vie	to help sb to enjoy life again
aménager les installations	to adapt the facilities
adapter	to adapt
les règles	the rules
les systèmes de notation	the scoring systems
les jeux paralympiques	paralympic games

montrer la capacité de réaliser des exploits	to show the capacity for remarkable achievements
modifier la perception des handicapés	to change people's perception of the handicapped
placer le handicap en perspective	to put disability into perspective
des histoires qui forcent l'admiration	stories which stimulate admiration
souffrir d'un déficit de notoriété	to suffer from being low profile
améliorer l'exposition médiatique	to improve media coverage
les images	images
servent d'exemple	set an example
servent de motivation	provide motivation

Useful website

You will find other useful vocabulary on the topic of *Le sport* on the following website:

www.sports.gouv.fr

C3 L'écologie et l'environnement   *Ecology and environment*

le carburant	fuel
le charbon	coal
l'essence (*f*)	petrol
le fioul	heating oil
le gasoil	diesel fuel
le gaz	gas
le pétrole (brut)	(crude) oil
la fracturation hydraulique	fracking
l'énergie (*f*) renouvelable	renewable energy
les énergies nouvelles	new sources of energy
la ressource naturelle	natural resource
l'énergie éolienne	wind power
l'énergie hydraulique	water power
l'énergie marémotrice	tidal power
l'énergie nucléaire	nuclear energy
l'énergie solaire	solar power
l'énergie des vagues	wave power
l'énergie issue de la biomasse	energy from the biomass

Les besoins énergétiques	*Energy needs*
la réserve d'énergie	energy supply
la consommation	consumption
assurer l'approvisionnement du monde	to ensure that the world is supplied
les ressources existantes	existing resources
la production énergétique	energy production
l'épuisement progressif	progressive depletion
une hausse globale	a worldwide increase
l'augmentation (f) des besoins	increase in needs
l'envolée (f) de la demande	sharp rise in demand
la croissance économique	economic growth
la croissance démographique	population growth
l'accroissement (m) des activités industrielles	increase in industrial activity
l'industrialisation accélérée	rapid industrialisation
l'efficacité (f) énergétique	energy efficiency
la fiabilité	reliability
la compétitivité	competitiveness
économiser les ressources naturelles	to save natural resources

Les combustibles fossiles	**Fossil fuels**
le gisement	deposit (oil, gas)
l'extraction (f) des énergies fossiles	extraction of fossil fuels
la plateforme pétrolière	oil rig
le forage pétrolier	drilling for oil
le pétrolier	oil tanker
l'oléoduc (m) / le pipeline	oil pipeline
le baril de brut	barrel of crude oil
la raffinerie de pétrole	oil refinery
la répartition géographique des stocks	geographical distribution of stocks
la décroissance des réserves	decrease in reserves
engendrer des problèmes environnementaux	to cause environmental problems

L'énergie nucléaire	*Nuclear energy*
le réacteur	reactor
la centrale nucléaire	nuclear power station
la sureté	safety
les risques environnementaux	environmental risks

L'écologie et l'environnement

susciter des craintes	to arouse fears
la défaillance	breakdown
la fuite	leak
le risque terroriste	risk of terrorist attack
le risque sismique	risk of earthquake
le traitement des déchets	treatment of waste
les transports à haut risque	high-risk transportation
le stockage	storage
le centre d'enfouissement	centre where waste is buried
l'accident mortel	fatal accident
l'irradiation (f)	exposure to radiation
la contamination (durable)	(lasting) contamination
rendre inhabitable	to make uninhabitable
l'apocalypse (f) nucléaire	nuclear holocaust
la production performante	efficient production
respecteueux (-euse) de l'environnement	respectful of the environment

L'énergie renouvelable	*Renewable energy*
la géothermie	heat from the earth
le barrage hydroélectrique	hydroelectric dam
la houille blanche	hydroelectric power, hydroelectricity
le panneau solaire	solar panel
inépuisable	inexhaustible
non-polluant(e)	non-polluting
disponible en quantité illimitée	available in unlimited quantities
l'utilisation (f) à grande échelle	large-scale use
répondre à un enjeu environnemental	to address an environmental issue
n'entrainer aucun rejet	to involve no emissions
la propreté	cleanliness
dépendre des facteurs climatiques	to be dependent on climatic factors
difficile à prévoir	unpredictable
une production aléatoire	an uncertain production
les effets (m) sur le paysage	impact on the countryside

La pollution	*Pollution*
les polluants (m)	pollutants
jetable	disposable
toxique	poisonous
la centrale thermique	power station
les décharges industrielles	industrial waste

les émissions (f) de gaz carbonique	carbon gas emissions
les gaz d'échappement	exhaust fumes
le dioxyde de carbone	carbon dioxide
l'empreinte carbone	carbon footprint
les métaux lourds	heavy metals
les ordures ménagères	household waste
les eaux usées	sewage
les déchets urbains	rubbish from towns
les déchets industriels	industrial waste
le gaz à effet de serre	greenhouse gas
le système réfrigérant	refrigeration system
les chlorofluocarbones/CFC	CFC gases
l'agriculture à grand renfort d'engrais chimiques	agriculture that relies heavily on chemical fertilisers
le pesticide	pesticide
se déverser dans la mer	to flow into the sea
la vidange des pétroliers	draining of oil tankers
la marée noire	oil spill/slick

Les retombées	*The consequences*
contaminer	to contaminate
les dégâts (*mpl*)	damage
les effets (*m*) néfastes	harmful effects
la nocivité de qqch	harmful nature of something
déclencher des problèmes de santé	to cause health issues
les malformations génétiques	genetic disorders
stériliser le sol	to make the earth sterile
une menace d'ampleur	a significant threat
avoir un effet dévastateur	to have a devastating effect
l'hécatombe (*f*)	mass destruction
le seuil catastrophe	disaster level
malodorant(e)	smelly
toxique	poisonous
la pollution atmosphérique	air pollution
l'air (*m*) irrespirable	unbreathable air
la dégradation	degradation
de l'eau	of water
des sols	of soil
dégrader le milieu naturel	to damage the natural environment
enlaidir la nature	to ruin the landscape
la chaine alimentaire	food chain

l'effet (*m*) de serre	greenhouse effect
provoquer des perturbations écologiques	to disrupt ecological systems
arriver au seuil de saturation	to reach saturation point
dépasser le seuil	to go beyond the limit
les pluies (*f*) acides	acid rain
le dépérissement des forêts	dying-off of forests
puiser dans le patrimoine	to use up our heritage
brader le patrimoine naturel	to sell our natural heritage down the river

Les changements climatiques / *Climate change*

le réchauffement de la planète	global warming
la hausse généralisée de la température	general rise in temperature
le trou dans la couche d'ozone	hole in the ozone layer
la sécheresse	drought
la canicule	heat wave
la nappe phréatique	water table
la désertification	desertification
la banquise	sea ice
la fonte des calottes polaires	melting of polar ice caps
faire monter le niveau des océans	to cause a rise in the sea level
l'ouragan (*m*)	hurricane
la tornade	tornado
la trombe	whirlwind
les pluies diluviennes	torrential rainfall
l'inondation (*f*)	flood
la crue subite	flash flood
le raz-de-marée	tidal wave
rayer de la carte	to wipe off the map
les sciences du climat	climate science
le consensus scientifique	consensus among scientists
les désaccords (*m*)	disagreements
être porté(e) par une idéologie environnementaliste	to be motivated by environmentalist ideology
la culture du déni	culture of denial
les intérêts (*m*) politiques	political interests

Les espèces en voie de disparition / *Endangered species*

| la biodiversité | biodiversity |
| l'espèce animale | animal species |

l'espèce végétale	plant species
épuiser	to deplete
la zone de reproduction	breeding ground
l'habitat naturel	natural habitat
le défrichement/défrichage	clearance of land
la mise en culture de terres défrichées	new use of cleared land for cultivation
l'abattement (*m*) des arbres	logging
le déboisement ⎫ la déforestation ⎭	deforestation
l'érosion (*f*) du sol	soil erosion
la forêt tropicale humide	tropical rain forest
partir en fumée	to go up in smoke
l'implantation (*f*) d'industries	setting-up of industrial sites
la pression démographique	pressure from population increase
la chasse (au gros gibier)	(big-game) hunting
les trafics	poaching for profit
la surpêche industrielle	industrial over-fishing
l'urbanisation (*f*) des côtes	coastal urban development
déstabiliser	to destabilise
perturber l'écosystème	to disrupt the ecosystem
bouleverser l'équilibre écologique	to upset the ecological balance
se raréfier	to become scarce
être menacé(e) d'extinction	to be threatened with extinction

Les mouvements écologiques	*Ecological campaigns*
l'écologiste (*m/f*)	environmentalist
les Amis de la Terre	Friends of the Earth
la défense de l'environnement	nature conservation
des mesures de sensibilisation	measures to arouse awareness
limiter les dégâts	to contain the damage
améliorer	to improve
les attitudes envers	attitudes towards
les comportements	ways of behaving
parer aux changements climatiques	to deal with climate change
une meilleure gestion des ressources	a better management of resources
améliorer le taux de recyclage	to improve levels of recycling
l'agriculture (*f*) biologique	organic farming
la conservation d'énergie	energy conservation
l'efficacité (*f*) énergétique	energy efficiency

l'appareil (m) à haut rendement énergétique	energy-efficient equipment
privilégier les énergies non-polluantes	to favour non-polluting forms of energy
les matériaux (m) biodégradables	biodegradable substances
l'épuration (f) des eaux usées	sewage treatment
contrôler les rejets polluants	to control waste which causes pollution
protéger les réserves d'eau douce	to protect stocks of drinking water
le reboisement	replanting of trees
préserver la biodiversité	to preserve biodiversity
sauvegarder l'équilibre écologique	to preserve the ecological balance

Useful websites

You will find other useful vocabulary on the topic of *L'écologie et l'environnement* on the following websites:

www.explorateurs-energie.com

www.notre-planete.info/environnement